세계 문화가 어우러져 전 세계 어린이들에게 사랑받는 책

더 재미있는 게임, 수학 IQ 높이기

More Math Games & Activities from around the World

세계 문화가 어우러져 전 세계 어린이들에게 사랑받는 책

더 재미있는 게임, 수학 IQ 높이기

클라우디아 자슬라브스키 지음
김진호·홍은숙 옮김

KyoWooSa 教友社

전 세계 어린이들이 평화롭고 밝은 미래를 바라보기를 소원하며
이 책을 바칩니다.

역자서문

수학은 정말로 재미있는 학문이다. 이 재미는 저절로 발생하는 것이 아니라 스스로 이해했을 때 발생한다. 이 책에 소개되어 있는 다양한 수학 게임 및 활동들을 실제로 행해봄으로써 독자들은 그 재미를 느낄 수 있을 것이다. 더 큰 재미는 독자 자신이 주어진 게임 및 활동을 변형하여 자신만의 게임 및 활동을 만들어 친구 및 동료들과 실행해 보는 것이다.

우리는 늘 누군가가 발명한 것을 이해하려고 노력하는데 많은 시간을 사용하고 있지만, 진정한 지적 희열은 나만의 것을 발명하는 것이다. 저자가 각 게임 및 활동의 마지막 부분에 규칙 바꾸기를 통해서 독자들에게 이런 기쁨을 전하고자 하고 있다. 꼭 시도해 보기 바란다.

마방진, 뫼비우스의 띠 등 이 책에 소개되어 있는 많은 게임 및 활동은 각각에 대한 매우 흥미로운 일부분만을 소개하고 있을 뿐이다. 예를 들어, 일반 마방진이 가로, 세로, 대각선에서 일정 합(3×3 마방진의 경우, 15)을 구하는데 반해서, 이 책에 소개되어 있는 panmagic 마방진은 꺾은선, 평행사변형, 사다리꼴 등 다양한 방법으로 마방진의 합을 구한다.

따라서, 이 책에 소개되어 있는 게임 및 활동을 놀이하는데 그치지 말고, 이 책에 다 소개하지 못한 부분을 찾아 도전하는데 주저하지 않기 바란다. 그 자체로 흥미진진일 것이다! 아마도 이런 여행을 떠난 독자는 구마방진 즉 공마방진과 같은 입체마방진도 접하게 될 것이다.

이 책에는 세계 여러 나라에서 보편적으로 놀이하는 게임 및 활동이 소개되어 있다. 이들을 통해서 한편으로는 그들 나라의 문화도 배울 수 있는 기회를 가질 수 있다. 우리나라 학생들이 수학을 매우 부정적으로 인식하고 있다는 국제적인 연구 결과도 있는데, 이 책에 소개되어 있는 게임 및 활동을 통해서 수학이 재미있다는 사실이 모든 학생들이 인식할 수 있는 계기가 되기를 희망해 본다.

이 번역서가 나오기에 많은 고마운 분들이 있었음을 밝힌다. 춘천교육대학교 라병소 교수님, 신준식 교수님, 서동엽 교수님, 박성선 교수님, 박문환 교수님, 고정화 교수님, 그리고 대구교육대학교이의원 교수님, 최창우 교수님, 남승인 교수님, 김상룡 교수님, 류성림 교수님, 최재호 교수님, 그리고 대구교대와 춘천교대 교육대학원 초등수학교육전공 대학원생들에게 감사의 마음을 전하다. 대학원 선생님들이 양대학원에서 실시하는 세미나를 위한 초벌 번역을 하였고, 양대학의 교수님들이 이 초벌 원고를 검토해 주었다. 역자는 이들의 수고에 조금 더 수고를 더했을 뿐이다. 또한 본서에 많은 그림이 있는데 Chicago Review Press에서 그림 원본을 양도하지 않아 모든 그림을 수작업으로 일일이 다시 작업해준 편집부와 본서의 출판을 기꺼이 허락해주신 오판근 사장님께 감사드린다.

김진호 · 홍은숙

머리말

부모님과 선생님을 위한 글

이 책은 Chicago Review Press에서 출간된 『***Math Game and Activities from around the World***』의 후속판이다.*

이 책을 접하는 독자들은 "아이들이 게임을 통해서 수학을 배울 수 있는가?"라는 질문을 할 수 있다. 정말 왜일까? 아이들은 이 책에 소개되는 재미있는 활동게임에 다양하고 중요한 노하우로 참여하여 활용할 수 있다. 그래서 아이들은 계산하고, 측정하고, 문제를 해결할 수 있다. 또한 아이들은 무늬의 인식과 기하학 분야에서 그들의 능력을 연마할 수 있다. 그러면서 대부분의 아이들은 비판적으로 생각하는 법을 배우게 된다.

아이들은 수학 수업시간에 진행되는 문제해결방법을 찾는 전통적인 방식에 흥미를 잃고 지루해 한다. 흥미를 잃고 지루해 하는 아이들은 전통적인 방식의 수학 수업이 지루한 것에 반해서 도전적인 게임 형식으로 문제에 대한 해결책을 찾기 위해 기꺼이 인내해야 한다.

게임활동은 개방되어 있어, 흥미와 능력을 가지고 그들과 같은 또래들과 함께 참여할 수 있다. 독자들에게는 관련 개념과 다양한 경험을 쌓을 수 있도록 몇 가지 게임과 활동의 여러 가지 버전이 제공된다.

또한 독자들은 그래프 이론과 도형 분야와 같은 학교 교과 과정에 포함되지 않은 수학의 몇 가지 측면에 대해 자세히 알아볼 수 있다.

일부 어린 아이들에게 어필하고 성인에게도 적용할 수 있지만, 이러한 게임과 활동은 9세 이상의 어린이에게 적합하다. 이 책에서 기술된 여러 형태의 프로젝트는 많은 성인과 아동 사이에, 또는 학생들이 속한 협동단체에 적합하다. 이 책은 각각의 게임과 활동에는 더 많은 생각과 다양한 연구를 위한 제안을 하고 있다.

활동은 수학 교과과정뿐만 아니라 언어예술과 관련된 주제도 선택할 수 있다. 각 활동의 수학 및 비수학적 내용에 대한 차트(158쪽)를 참조하기 바란다. 153~154쪽에 대한 몇 가지 문제에 대한 답변을 찾을 수 있을 것이다.

* 이 책은 『수학 IQ를 만드는 세계 어린이들의 놀이』(김진호·유대현·안희진 역, 경문사)로 번역되었으나 현재는 절판된 상태이다.

또한 활동에 필요한 그래프 용지를 150~151쪽에 첨부하였다.

National Council of Teachers of Mathe- matics(미국수학교사협의회)가 2000년에 출판한 『*Principles and Stacdards for School Mathematics*』에 따르면 "미학적이며 레크리에이션적 측면에서 수학은 인류의 가장 위대한 문화와 지식의 성과 중 하나이며, 우리는 그 위대한 업적의 이해와 이해를 지속적으로 개발해야 한다." (4쪽)

이러한 게임과 활동을 통해, 어린이들은 다양한 사회의 역사와 문화를 감상하며 배울 수 있다. 이 책은 수학, 역사, 예술, 문학 등 전 세계 모든 어린이를 위한 흥미로운 수학으로서 세계문화를 통합하는 데에 도움을 준다.

어린이들을 위한 글

이 책은 부록으로 전 세계 각지에서 제공하는 게임과 활동을 수록하였다. 또한 더 많은 버전의 삼목 게임*three- in-a-row*과 만카라*Mankala*를 찾을 수 있으며 수백 년, 혹은 수천 년 전에 개발되어 오래된 게임이라서 익숙지 않은 게임을 더욱 다양하게 만날 수 있다.

예를 들어, 동아시아의 몽골에서의 삼목 게임에 입각한 게임이나, 호랑이가 자신보다 더 작은 동물들을 잡아먹는 게임 같은 아시아의 다양한 게임들이다. 게임은 자신이 처한 환경과 신앙에 의해 이루어지는 경우가 많다는 것을 알 수 있다.

어떻게 물과 귀중한 자료를 저장할 수 있을까? 어떤 숫자가 다른 사람보다 더 운이 있다고 생각할까? 마법의 사각형 마법을 알아낼 것이다. 독자들은 아름다운 디자인을 만들어 퀼트 및 기타 개체의 아름다운 패턴의 일부를 배울 수 있고, 아마도 디자인에 관한 책들을 읽을 것이다.

모든 게임은 수학적인 활동을 사용한다. 서아프리카의 게임처럼 일부는 학교에서 배우는 수학과는 다르다. 그러므로 힌트와 제안을 읽고, 친구와 어른의 도움으로 문제를 풀어나가는 데에 포기하지 않길 바란다.

활동 중 일부는 이 책의 뒤쪽에 수록된 답을 이용하길 바란다. 그러나 꽤 많은 시간이 소요되더라도, 문제해결방법을 찾는다면 만족할 수 있을 것이다. 보드 게임의 대부분은 2인이나 그 이상의 인원으로 구성된 팀이다. 또한 직접 게임을 하여 전략을 사용할 수 있다. 한 사람이 두 사람인 것처럼 보드의 양면을 실행할 수도 있다.

누구나 게임에서 이기는 것을 좋아한다. 그러나 경기자 중에 항상 승자가 있다면, 다른 경기자는 항상 패자이며 포기할 수 있다. 상대가 더 나은 전략을 배울 수 있게 서로 돕는다면, 게임은 더 흥미로울 것이다. 이겨야 하는 것이 전부가 아니기 때문이다!

여러분들이 이 책을 통해 재미있고 다양한 게임을 하여 재미있는 수학을 배우길 바란다!

차 례

세계 문화가 어우러져 전 세계 어린이들에게 사랑받는 책

더 재미있는 게임, 수학 IQ 높이기

More Math Games & Activities from around the World

1

삼목 게임

이 세상의 대부분의 지역에서 사람들은 여러 형태의 삼목*three-in-a-row*게임을 즐긴다. 이 게임의 목적은 경기자가 게임판에서 자신의 3개의 말을 1줄로 배치하는 것이다. 아마 누구나 틱택토*Tic-Tac-Toe*를 해보았을 것이다. 많은 삼목 게임이 틱택토보다 복잡한 것이 사실이다.

모든 삼목 게임은 2명 또는 경우에 따라서는 2팀을 구성하여 진행한다. 또한 혼자서 게임을 하기도 한다. 자신이 두 사람이라고 가정하고, 게임판의 양편에서 게임을 진행하면 된다. 혼자서 게임을 하는 것은 새로운 게임을 배우거나 훌륭한 전략을 찾아내는 좋은 방법이 될 수 있다.

이 장에 소개되어 있는 게임들은 뒤로 갈수록 점점 더 복잡해진다. 가장 먼저 소개하는 삼목 게임은 매우 간단한 영국의 나인 홀*Nine Holes*로 각 경기자가 3개의 말을 가지고 진행된다. 1장을 읽어 가면서, 소개되는 삼목 게임들은 더 많은 말을 필요로 할 것이다. 이 장에서 소개하고 있는 마지막 삼목 게임은 남아프리카의 무라바라바*Murabaraba*이다. 이 게임에서는 각 경기자는 12개의 말을 가지고 게임을 한다. 물론, 이 장에서 여러 삼목 게임을 소개하면서 게임을 하는 데 사용하는 삼목 게임판은 점점 더 복잡해진다. 마지막 활동에서 삼목 게임판의 유형과 말의 수의 관계를 분석하게 될 것이다.

이 게임은 두 종류의 게임 말 또는 표시물이 필요하다. 왕과 귀족들은 금과 상아로 만든 아름다운 말을 가지고 즐기고, 평민은 돌, 씨앗, 또는 작은 나뭇가지를 사용하기도 한다. 그리고 두 종류의 빨간 사물과 검은 사물 또는 두 종류의 동전을 사용할 수 있거나, 자신의 특별한 두 종류의 표시물을 사용할 수 있다.

삼목 게임의 게임판은 3300년 전 고대 이집트 사원의 지붕에 그려져 있는 것이 발견되거나 다른 유적지들에서 발견되고 있다. 이 책에 소개되고 있는 삼목 게임들은 세계의 각 나라로부터 유래된 것이다. 한 가지 팁으로 이들 지역들을 지도나 지구본에서 찾아보면 많은 도움이 될 것이다.

어디를 여행하든지 간에, 아마도 그 지역 사람들이 이 삼목 게임의 한 형태를 게임하는 것을 볼 수 있을 것이다. 비록 우리가 그들의 언어로 말을 할 수 없을지라도, 우리는 삼목 게임으로 전 세계의 사람들과 친구가 될 수 있다.

삼목 게임을 즐기는 방법

삼목 게임은 여러 종류의 게임판을 필요로 하고, 잠시 동안 사용할 수 있는 삼목 게임판을 원할 것이다. 먼저 종이와 자를 이용하여 줄들을 깔끔하게 그린다. 그러고 나서, 이 종이를 두꺼운 종이 또는 액자용 대지 위에 풀로 붙인다. 먼저 메모지 위에 초벌 게임판 그림을 그려 보는 것도 좋은 방법이다.

일부 사람들은 단지 이기기 위해서 게임을 하고, 그들이 졌을 때 화를 내기도 한다. 게임을 하는 것은 재미있어야만 한다. 한 경기자가 항상 이긴다면, 다른 경기자는 항상 져야만 하고, 얼마 가지 않아 포기할 것이다. 상대방이 자신의 기술을 향상시키도록 도와줌으로써, 이 게임을 하는 두 경기자는 좀 더 흥미를 가질 수 있게 된다.

이처럼 각 경기자는 이길 수 있는 기회를 동등하게 부여받아야 한다. 몇몇 게임에서는, 말을 먼저 움직이는 사람이 이길 가능성이 높다. 이런 유형의 게임에서는 경기자들이 돌아가면서 먼저 놀이를 할 수 있도록 해야 한다.

우리들은 이 삼목 게임들을 변형시킬 수도 있다. 규칙, 말의 수, 또는 게임판의 모양을 약간만 바꾸어도 완전히 다른 전략들을 요구하게 된다. 단, 삼목 게임을 시작하기 전에 새로운 규칙에 두 사람이 동의해야만 한다.

영국의 나인 홀

나인 홀*Nine Holes*은 삼목 게임 중 가장 간단한 게임이다. 나이가 매우 어린 아이들도 이 게임을 배울 수 있다. 나는 아프리카의 게임에 관한 책에서 아프리카의 여러 곳에서 네 살 된 어린이들이 나인 홀과 유사한 게임들을 즐긴다는 내용을 읽었다. 어린이들은 차례를 바꾸는 것과 말의 움직임에 대해 생각하는 것을 배운다. 또한 게임에 졌을 때 패배에 화내는 것이 의미가 없다는 것을 알게 된다. 나인 홀은 틱택토와 다른 삼목 게임을 위한 좋은 기초가 된다.

누군가가 틱택토에 대한 이야기를 전해 듣기 훨씬 전에, 사람들은 나인 홀 게임을 하고 있었다. 사실 이 게임은 양과 가축을 치는 소년들이 좋아하는 게임이었다. 동물들이 방목지에서 풀을 뜯고 있는 동안, 2명의 양치기 소년이 삼목 게임을 하자고 동의했을 것이다. 이들은 각 줄에 3개의 구멍이 있는 줄을 3개 그린다. 이들은 한 종류의 돌 3개와 다른 종류의 돌 3개를 모아서, 게임을 할 준비를 했을 것이다.

17세기 영국 시인 *Michael Drayton*은 이 장면을 시로 옮기기도 했다.

불쌍한 아이들,
황야에서
나인 홀 삼매경에 빠져
자신들의 소들이 길을 잃어 버렸네.

이 "불쌍한 아이들" 중 일부가 이 게임을 위한 이상한 규칙들을 만들어냈다. 영국 남부에 있는 살리스버리*Salisbury* 평야에서, 말로 돌을 사용하지 않고, 나무못을 땅에 박았다. 경기자들은 몸을 숙여서 이빨로 나무못을 뽑아야 했다!

많은 중세 영국 교회들에서, 사람들은 나인 홀을 위한 구멍과 줄을 찾아낼 수 있다. 몇 세기 전, 학교에 다닐 수 있는 영국의 유복한 남자아이들은 일반적으로 교회 학교에 다녔다. 지루한 수업이 지속되었기 때문에, 소년들은 나인 홀 게임을 몰래 하기도 했다.

성인들은 일요일 설교에 참여해야 할 때 참여하지 않고 여러 종류의 게임을 즐기는 것을 범죄로 여겼다. 1699년 영국 법원 기록에 따르면, 교회 예배 도중 나인 홀 게임을 하다가 처벌된 두 남자가 있었다고 한다.

뉴잉글랜드 식민통치자들[1]의 종교적 신념은 도박을 하거나 카드나 주사위로 하는 게임들을 허용하지 않았다. 어떤 종류의 것이 되었든지 게임을 하면서 시간을 보내는 아이들은 다음과 같은 경고를 받았다. "사탄은 게으른 손이 할 나쁜 짓을 항상 찾아다닌다." 하지만, 미국의 성인과 어린이들은 모두 나인 홀 게임뿐만 아니라 *Nine Men's Morris*와 *Twelve Men's Morris*와 같은 좀 더 복잡한 삼목 게임을 했다. 이 두 게임에서 각 놀이자는 말을 9개 또는 12개를 이용하여 놀이를 한다.

다른 국가에 있는 어린이들은 나인 홀과 같은 규칙을 가진 다양한 이름의 게임을 즐긴다.

국가	이름
아랍어를 사용하는 국가들	Dris ath-thalatha
독일	Nulochen and Neun Locher
일본	San-noku-narabe
네덜란드	Dreistichen
나이지리아	Akidada

1) 미국이 독립국이 되기 전에 영국에서 건너와 미국을 통치하고 있던 관료들

준비물

- 적어도 20×20cm 크기의 정사각형 민종이
- 연필
- 자
- 색마커펜 또는 크레용
- 가위
- 풀
- 적어도 25×25cm 크기의 정사각형 두꺼운 종이
- 각 놀이자에게 3개의 말(서로 다른 두 종류의 말 : 콩, 단추, 표시물, 또는 동전)

삼목 게임판 그리기

1. 준비한 종이에 15×15cm 정사각형을 그린다.
2. 중앙점, 각 줄의 마주보는 가운데 점들에서 세 점을 연결한다.
3. 마커펜이나 크레용을 이용하여 선들이 만나는 9개의 점을 표시한다. 그림 1
4. 풀로 이 종이를 두꺼운 종이에 붙이고, 게임판을 꾸민다. 이 게임판을 계속해서 사용할 수 있다.

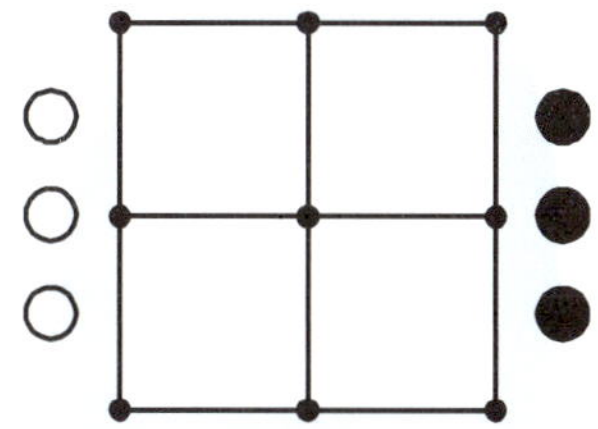

그림 1

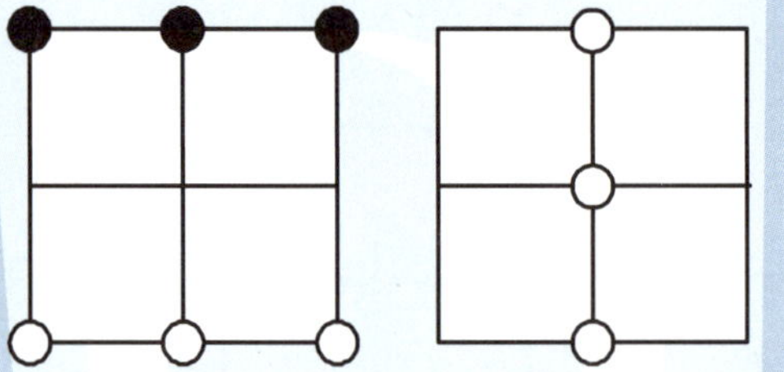

그림 2

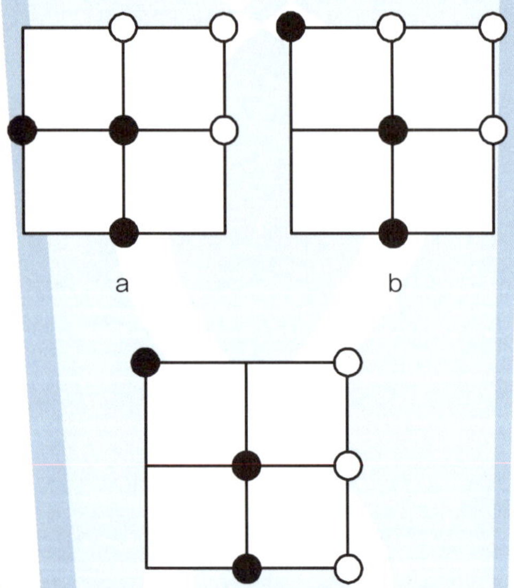

a b

c

그림 3

게임하기

이 게임은 선들이 교차하는 9개의 교차점들에서 진행된다. 두 명의 경기자들이 번갈아가며 놀이를 한다. 일반적으로 흰색과 검은색을 사용하지만 다른 색을 사용해도 된다. 경기자 1이 임의의 한 지점에 흰 말을 하나 놓으면, 경기자 2가 검은색 말 하나를 임의의 지점에 놓는다. 그러고 나서, 두 경기자는 교대로 자신의 나머지 두 개의 말을 같은 방식으로 놓는다. 말들이 모두 놓인 후에, 두 경기자는 교대로 자신의 말들을 게임판 위에서 옮긴다. 각 놀이자의 차례에, 자신의 말들 중 하나를 게임판의 임의의 빈 교차점으로 옮길 수 있다.

각 놀이자는 자신의 3개의 말이 삼목이 되도록 노력해야 하고, 동시에 상대방이 자신의 3개의 말로 삼목을 만들 수 없도록 막아야 한다. 가로로 3개, 세로로 3개로 하여 6가지 방법으로 삼목을 만들 수 있다. 그림 2

승리자는 가로로 또는 세로로 삼목을 먼저 만든 사람이다. 만약에 두 경기자 모두 삼목을 만들지 못하면 무승부가 된다. 두 경기자는 언제든지 이 게임이 무승부라고 결정할 수 있다. 두 경기자가 주의를 기울인다면, 한 게임이 매우 오랫동안 지속될 수 있다.

이 경기자들은 자신들의 말을 옮겨서 다음 번 자신의 차례에서 두 가지 다른 방법으로 삼목을 만들 수 있도록 노력해야 한다. 이것이 함정이 되어 승리할 수 있다. 그림 3

a. 흰 말이 함정을 만든다.
b. 검은색 말이 오직 한 쪽만 방어할 수밖에 없다.
c. 흰 말이 삼목을 만들어 이긴다.

생각해보기

다른 방법으로 함정을 만들 수 있는 방법을 찾아보라.

첫 번째 경기자가 어느 교차점에서 시작해야만 할까? 먼저 시작하는 경기자가 나중에 하는 경기자를 이기는 것이 쉬울까?

나인 홀 게임이 틱택토가 된 방법

나인 홀 게임이 틱택토가 된 방법을 상상해보라. 그것은 영국의 학교 교실에서 일어났음에 틀림없을 것이다. 교사가 학생들에게 오랜 시간 생각을 해야 해결될 수 있는 추가적인 연습문제를 주고 자신들의 석판[2] 위에서 해결하도록 하였다. 이 교사가 학생들을 앞 작업대에서 주의하도록 하였을 때, 뒤에 있는 한 아이가 자신의 옆에 있는 한 학생을 쿡 찔렀다.

2) 옛날에 아이들이 학교에서 글씨 쓰는 데 이용하던 것

"칼로 나인 홀을 위한 선들을 내 작업대에 그을까?"

"아니, 하지만 내 석판 위에 나인 홀 판을 그릴 수 있어."

이들은 금방 공기돌과 백목 조각을 말로 사용하면서 이 게임을 활발하게 했다.

갑자기, 이 학생들은 교사가 자신들의 이름을 부르는 소리를 들었다. 이들은 깜짝 놀라며 공기돌과 백목을 교실 바닥에 떨어뜨려 딱딱 부딪치는 소리를 냈다. 교사는 이들에게 교실에서 게임을 한 대가로 10일 간의 징계를 내렸다.

다음 날 아침, 이 두 소년 중 한 소년은 한 가지 경이로운 아이디어를 떠올렸다. 그것은 경기자들이 단추와 공기돌을 이동하는 대신에 석판 위에 표시를 하는 것이었다. 즉, 한 경기자는 ○(○ 모양)를 다른 경기자는 ×(십자 모양)자를 표시할 수 있다. 그리고 표시하는 곳도 교차점이 아닌 공간으로 바뀌었다. 이 교사가 이들의 징계를 풀어주자마자, 이들은 칠판에서 9칸이 있는 새로운 게임을 시작하였다. 그림 4 그날 학교가 파하기 전에 모든 학생들이 ○ 모양과 × 모양으로 하는 게임을 하고 있었다. 이것이 영국에서 영국 사람들이 이 게임에 틱택토라는 이름을 주게 된 계기이다. 곧 이 게임은 영국 전역으로 퍼져나갔다.

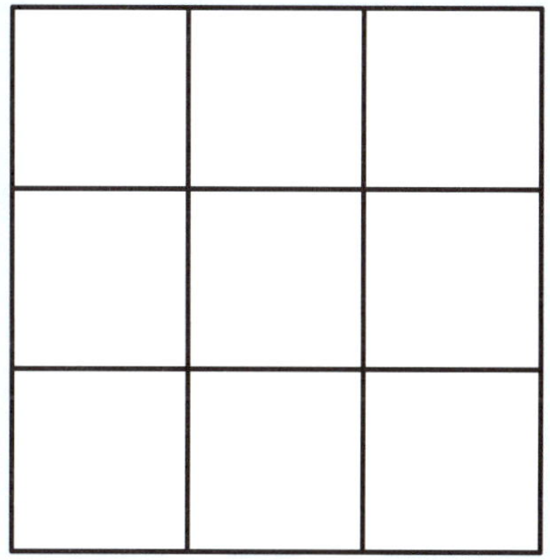

그림 4

틱택토

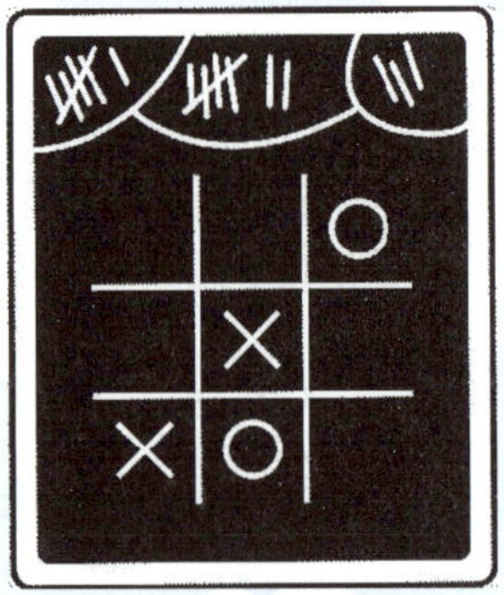

그림 5

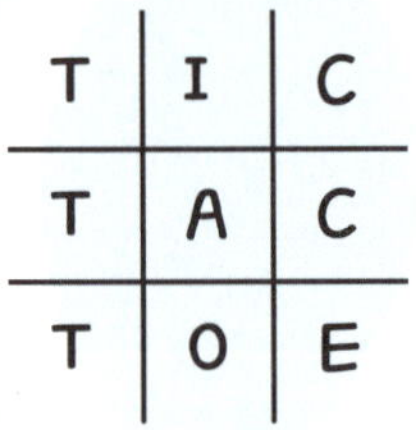

그림 6

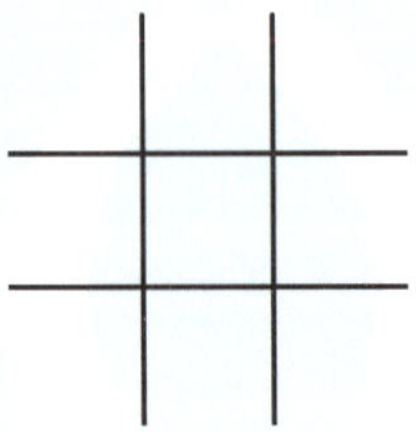

그림 7

틱택토는 영국에서는 'o× 게임'이라고도 불리며 영국 학교의 소년들이 가장 좋아하는 게임이었다. 그들은 석판의 가장자리 구석에 여러 개의 틱택토 게임판을 그릴 수 있었다. 한 학생이 수업 중 자신이 한 활동을 보여 줄 것을 요청 받았을 때, 그가 해야 하는 것은 손가락을 적시어 모든 증거를 지워버리는 것이었다. 그러나 오래 되지 않아, 귀가 예민한 교사들은 교실 뒤편에서 진행되는 틱택토 게임의 절꺽절꺽 거리는 소리를 인지하게 되었다.

학생들이 자유 시간에, 2명의 학생이 몇 게임(일반적으로 20게임)을 하자고 동의했을 것이다. 각 게임의 끝에, 이들은 석판의 상단에 점수를 표시했다. 각 게임의 승리자가 1점을 얻었다. 그러고 나서, 이들은 이 게임판을 지우고 다음 게임을 위한 새로운 판을 그렸다. 비긴 게임은 석판의 상단 중앙에 점수를 표시했다. 어린이들은 이것을 "무승부*one for old Nick*"라고 불렀다. 그림 5

오늘날 틱택토는 삼목 게임 중 가장 인기가 있는 게임이다. 그림 6

이겼을 때, 몇몇 영국 아이들은 다음과 같이 외친다.

> "틱택토,
> 자 시작해. 여기에서 나는 가지!
> 3줄의 유쾌함
> 모두 연속적으로 맞춰 나가지!"

이 게임이 비겼을 때, 미국 아이들은 "비겼어. 고양이 눈!"이라고 말한다.

준비물

- 종이 1장
- 연필 2자루
- 자

게임판 그리기

종이 위에 게임판을 그린다. 그림 7

게임하기

1. 각 경기자는 연필 1자루를 가진다. 먼저 하는 사람이 이길 기회가 많기 때문에, 동전을 던져 먼저 시작할 사람을 결정한다. 첫 번째 경기자는 ×, 두 번째 경기자는 ○ 표시를 한다.
2. 이 게임은 선들로 구분된 9개의 칸에서 진행된다. 경기자 1은 9개의 칸 중 어떤 칸에도 ×를 쓸 수 있다. 그러고 나서, 경기자 2는 임의의 빈 칸에 ○ 표시를 한다. 경기자들은 교대로 각 칸에 자신들의 ○×를 표시한다.
3. 각 경기자는 대각선, 가로, 세로로 자신의 표시물이 삼목을 이루도록 노력한다. 한 종류의 표시물 세 개가 한 줄로 놓인 것을 삼목이라고 한다. 삼목을 만드는 8가지 서로 다른 방법이 있다. 그림 8

   a. 가로 : 3가지 방법
   b. 세로 : 3가지 방법
   c. 대각선 : 2가지 방법

4. 승자는 삼목을 먼저 만든 경기자이다. 두 경기자 중 누구도 삼목을 만들지 못하면, 그 게임은 무승부 게임이다.

생각해보고 실행하기

삼목 게임을 시작하면서 처음 세 번째까지의 표시물 놓기의 예가 여기 있다. 그림 9 종이 위에 이 게임판을 여러 개 그려 놓고, 친구와 게임을 하거나 혼자 경기자 1, 경기자 2가 되어 게임을 한다. 경기자 1이 ×로 삼목을 만들어 이기는 것으로 이 게임을 완성하면 된다.

a. 게임자 1이 ×를 표시한다.
b. 게임자 2가 ○를 표시한다.
c. 게임자 1이 ×를 표시한다.

그러고 나서, 새로 시작한다. 그림 9c를 그리고 이 게임이 비기는 것으로 끝나도록, 즉 누구도 이기거나 지지 않도록 하며 끝나도록 한다.

그리고 다시 시작한다. 이번에는 경기자 2가 ○로 삼목을 만들어 이기는 것으로 게임이 끝나도록 노력한다. 이것은 쉽지 않을 것이다!

좋은 경기자가 되는 방법

경기자 1은 경기자 2를 위한 함정을 놓을 수 있다. 경기자 1은 두 번째 표시를 놓을 곳을 계획하고, 그래서 경기자 2가 특정한 칸에 자신의 표시를 놓도록 할 수 있다. 이것을 할 수 있는 한 가지 방법이 아래에 있다. 그림 10

a. 첫 번째 × 놓기

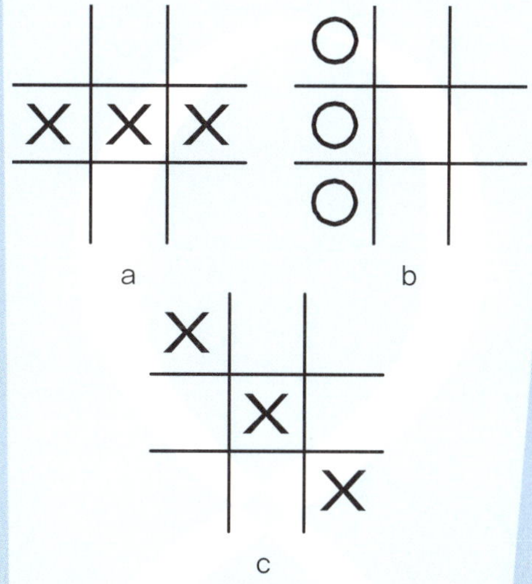

그림 8

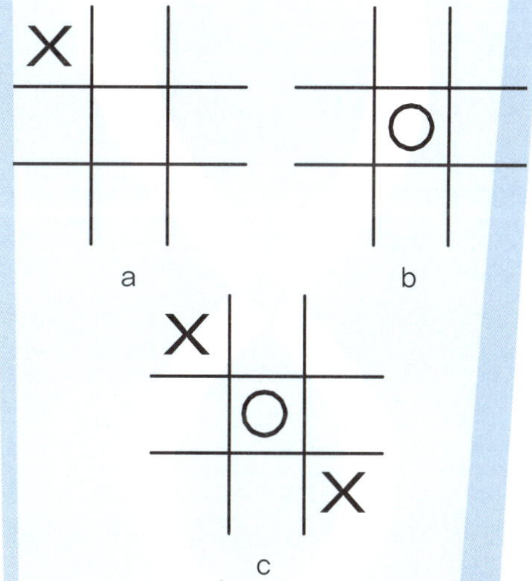

그림 9

그림 10

그림 11

b. 두 번째 ○ 놓기
c. 경기자 1은 삼목을 만들 준비한다.
d. 경기자 2는 이 삼목을 막는다.

이 게임의 다섯 번째 표시 놓기에서, 경기자 1은 삼목을 만들 수 있는 두 가지 가능성을 갖는다. 경기자 2는 이 두 가지 가능성 중 한 가지만 막을 수 있기 때문에, 이것이 함정이다. 경기자 1이 승리자이다. 그림 11

a. 경기자 1이 함정을 놓는다. 그림 11a
b. 여섯 번째 표시를 한다. 그림 11b
c. 경기자 1이 이긴다. 그림 11c

경기자 1이 함정을 놓을 수 있는 몇 가지 방법이 더 있다. 찾을 수 있는 방법이 몇 가지 있는지 알아보기 바란다.

만약 첫 번째 경기자가 된다면, 아마도 질 수 없을 것이다. 반대로 두 번째 경기자가 된다면, 아마도 이길 수 없을 것이다. 틱택토가 공정한 게임이 되기 위해서, 경기자들은 교대로 첫 번째 경기자가 되어야만 한다.

규칙 바꾸기

경기자가 모든 좋은 표시 놓기를 파악한 후에, 틱택토는 약간 지루할 수 있다. 이 게임을 할 수 있는 3가지 다른 방법이 있다.

1. 어떤 경기자도 첫 번째 표시하기에서 가운데에 놓을 수 없다는 규칙을 정한다.
2. 8번 표시하는 것으로 규칙을 정한다. 각 경기자는 정확하게 4번째 표시를 한다. 각 경기자가 만든 삼목의 수를 점수로 한다.
3. 틱택토 게임을 한다. 삼목을 만든 경기자가 지는 것으로 규칙을 정한다.

고대 중국의 마방진

어떤 사람들은 틱택토 게임판 위에 특정한 배열로 수를 놓는 것이 행운을 가져온다고 믿는다. 즉, 3개의 수로 이루어진 모든 줄의 합이 같게 수를 배열하는 것이다. 이런 배열을 마방진이라고 한다.

마방진을 처음으로 본 사람은 어느 중국 황제라고 전해져 오고 있다. 약 4,000년 전, 큰 거북 한 마리가 황제의 배로 수영해 왔다. 이 거북의 등 위에 수의 배열은 경이로운 것이었다. 3개의 가로줄, 3개의 세로줄, 그리고 2개의 대각선에 있는 수의 합이 모두 15였다. 중국 사람들은 누구도 이것을 마술이라고 여기지 않은 사람이 없었다. 시간이 지나면서 전 세계의 사람들은 다양한 마방진을 만들었다. 그림 12

준비물

- 적어도 17×17cm 크기의 정사각형 민종이 1장
- 연필 또는 마커펜
- 적어도 22×22cm 크기의 정사각형 모양의 두꺼운 종이 2장
- 가위
- 자
- 풀

마방진 판과 수말 만들기

1. 한 장의 종이 위에, 15×15cm 크기의 정사각형 모양을 그린다.
2. 이 정사각형을 5×5cm 크기의 정사각형 9개로 나눈다.
3. 이 종이를 두꺼운 종이에 풀로 붙인다. 마커펜나 크레용으로 이 게임판을 꾸민다.
4. 또 다른 두꺼운 종이에서 9개의 작은 원 또는 정사각형 모양을 잘라내고 이것들에 1부터 9까지 수를 적는다. 그림 13

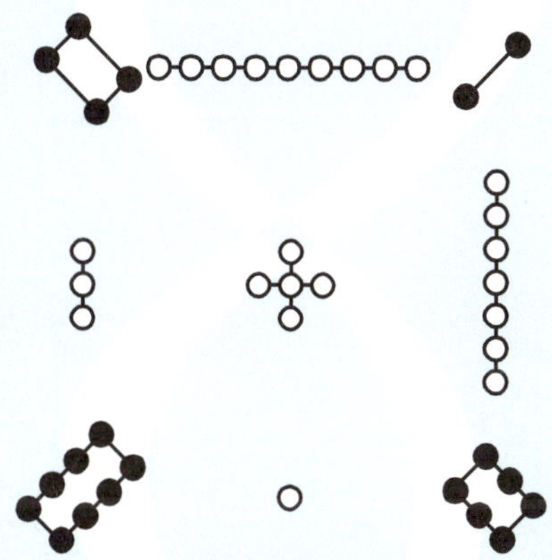

수를 나타내는 검은 줄 점과 흰 줄 점으로 된 중국의 마방진
그림 12

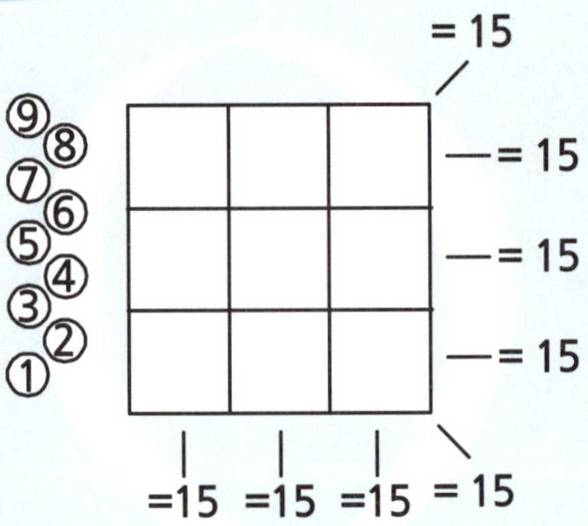

마방진 판과 수말들
그림 13

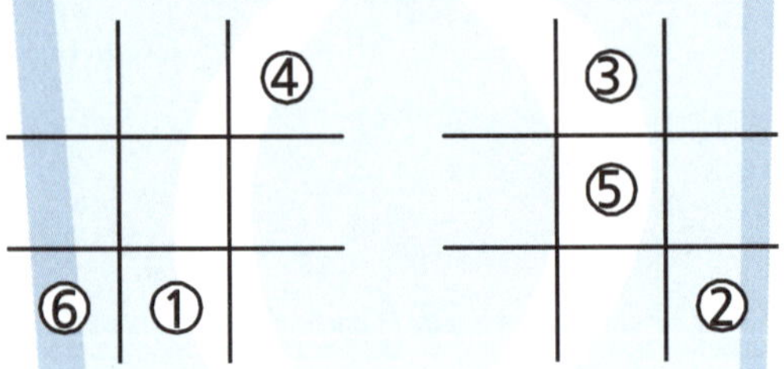

그림 14

게임하기

각 가로줄, 각 세로줄, 각 대각선에 놓인 수들의 합이 15가 되도록 수말을 배열한다. 이 게임을 혼자서 또는 마방진을 만들기 위해서 친구와 협력하며 교대로 놀이를 할 수 있다. 각 경기자는 게임판 위에 9개의 수말들 중 어느 것 하나를 놓아도 좋다.

생각해보고 실행하기

아래에 마방진 판을 만들어보자. 그리고 나서, 수말들을 놓아서 서로 다른 마방진을 만들어보자. 8가지 서로 다른 마방진이 있다. 그림 14

수 틱택토

이 게임의 목적은 가로, 세로, 대각선의 합이 15가 되도록 만드는 것이다.

준비물

- 민종이
- 펜 또는 마커펜
- 자
- 1~9의 숫자가 써진 9개의 수말(마방진 참고)

게임판 그리기

- 틱택토 게임판을 그린다. 그림 15

게임하기

1. 경기자 1이 홀수가 적혀진 5개의 수말(1, 3, 5, 7, 9)을 선택한다. 두 번째 경기자가 짝수가 적힌 4개의 수말(2, 4, 6, 8)을 선택한다.
2. 경기자들은 교대로 수말을 하나씩 게임판 위에 놓는다. 9개의 수말을 모두 사용한다. 이 게임의 목적은 3개의 수말로 15를 만드는 것이다. 각줄은 홀수와 짝수가 모두 놓일 수 있다.
3. 각 경기자는 자신이 완성한 줄 1개당 1점씩 얻는다. 각 경기자는 한 번의 수 놓기로 2줄 또는 심지어 3줄을 완성할 수 있다.
4. 더 많은 점수를 획득한 경기자가 이긴다. 그림 16a와 그림 16b 참고

번갈아 가며 하기

다음 게임을 위해 학생들은 수말을 교환한다.

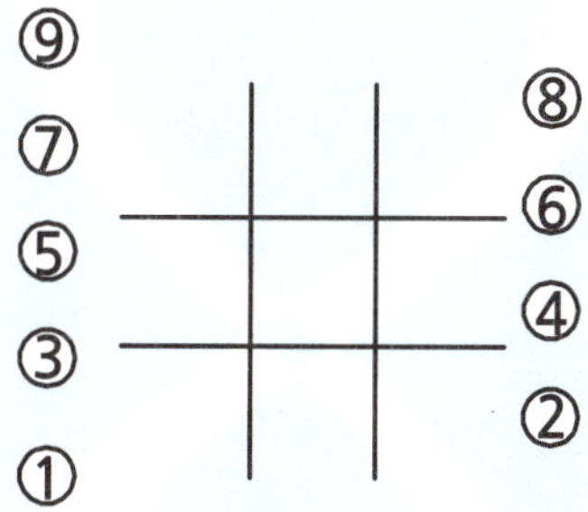

수 틱택토 게임을 위한
게임판과 수말
그림 15

a b

a. 첫 번째 경기자 차례이다.
b. 첫 번째 경기자가 수말 5를 놓아 두 줄을 만들고 2점을 얻었다.
그림 16

가나의 **아치**

서부 아프리카의 가나는 1957년에 독립국이 되었다. 그 전에는 가나는 황금해안*Gold Coast*이라 불렸고 영국의 식민지였다. 이미 알고 있겠지만, 유럽인들은 이 해안을 따라 물건들을 아프리카 금과 거래했다. 가나라는 국가명은 아프리카 북쪽에 위치했던 고대 국가의 국가명으로부터 유래했다. 이 곳은 아랍인들에게 "황금의 땅"이라고 알려져 있었다. 1000년 정도 전에, 이 땅을 여행하던 *Ibn Hawkal*은 가나의 임금이 세계에서 가장 큰 부자라고 서술했다.

가나의 학생들은 아치*Achi* 게임을 한다. 아이들은 이 게임판을 흙 위에 그리고, 조약돌로 말을 삼았다.

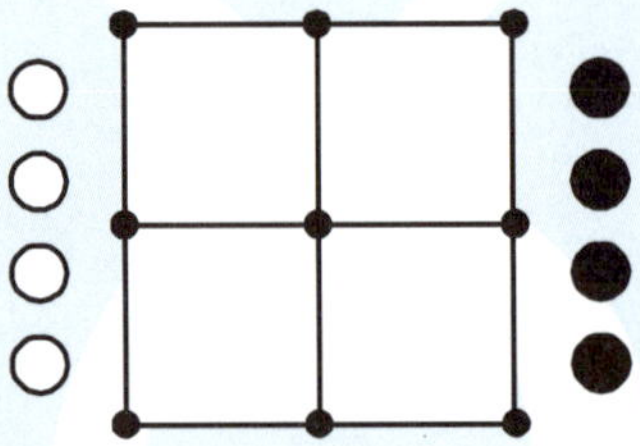

그림 17

준비물

- 적어도 20×20cm 크기의 정사각형의 종이
- 연필 • 자 • 색마커펜나 크레용
- 가위 • 풀
- 적어도 25×25cm 크기의 정사각형의 판지
- 각 놀이자 당 4개의 말로 4개는 밝은 색, 4개는 어두운 색. (콩, 단추, 또는 동전)

게임판 그리기

1. 15×15cm 크기의 정사각형을 그린다.
2. 연필로 대각선을 그린다.
3. 대응변의 중점들을 연결하는 선을 긋는다.
4. 색마커펜나 크레용을 이용하여 선들이 만나는 점을 표시한다. 그림 17
5. 판지에 이 종이를 붙이고, 게임판을 장식한다. 경기자는 가나의 국기를 그리고, 다른 적절한 상징들을 그려 넣을 수도 있다.

게임하기

이 게임은 선이 교차하는 9개의 점 위에서 하는 것이다. 경기자들은 번갈아 가면서 첫 번째 경기자가 된다.

1. 경기자 1이 흰색 말을 임의의 교차점 위에 놓는다. 그러고 나서, 경기자 2가 임의의 교차점 위에 검은색 말을 놓는다. 경기자들은 자신들이 가지고 있는 말 모두를 교대로 놓는다.
2. 경기자 1이 자신의 말들 중 하나를 선을 따라 옆의 빈 교차점으로 옮긴다. 이 때 말을 뛰어 넘을 수는 없다. 경기자 2는 자기 말을 가지고 같은 방법으로 한다. 경기자들은 이런 식으로 교대로 반복한다.
3. 각 경기자는 자신의 말로 삼목을 만들도록 노력하고, 상대방이 삼목을 만들지 못하도록 노력한다. 삼목을 만들 수 있는 8가지 다른 방법이 있다. (가로 3줄, 세로 3줄, 대각선 2줄) 그림 18
4. 자신의 말로 삼목을 먼저 만든 사람이 이긴다. 누구도 삼목을 만들지 못하면, 이 게임은 무승부로 끝난다.

생각해보기

경기자 1이 게임을 이기기 위해서 첫 번째 말을 어디에 놓아야 할까? 경기자 1은 첫 번째 말을 이 게임판의 9개의 교차점 중 어느 곳에라도 놓을 수 있다. 사실, 첫 번째 말을 놓는 교차점은 세 곳(중앙점, 모서리점, 중점)밖에 없다. 그림 19

아치와 틱택토는 어떤 점에서 같고 어떤 점에서 다른가?

규칙 바꾸기

다른 나라 사람들도 아치 게임과 비슷한 게임을 하지만 규칙은 약간 다르다. 이 게임의 다른 종류를 소개해 보겠다.

Marelle(프랑스): 각 경기자는 말 3개를 가지고 한다. 처음에는 중앙에 놓을 수 없다.

Tant Fant(인도): 각 경기자는 3개의 말을 가지고 한다. 이 게임은 각 경기자가 그림 20과 같이 3개의 말을 미리 놓고 시작한다. 삼목은 시작선에서는 만들 수 없다. 삼목을 만들 수 있는 방법이 6가지가 있다. 그림 20

아치 게임을 변형한 대부분의 게임들은 말을 3개 사용한다. 이런 게임들은 대체로 아치 규칙을 따른다. 다른 나라의 이 게임명은 오른쪽 표와 같다.

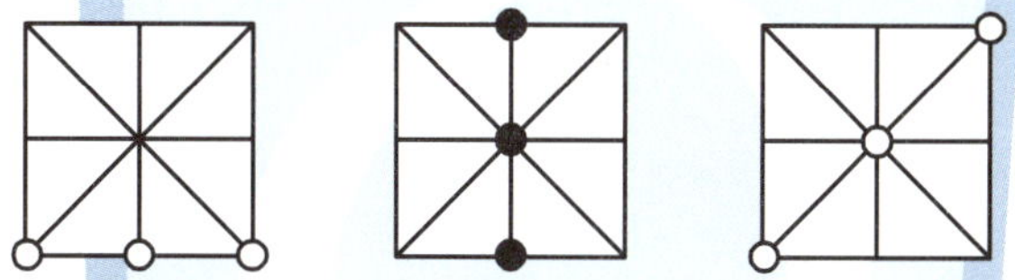

그림 18

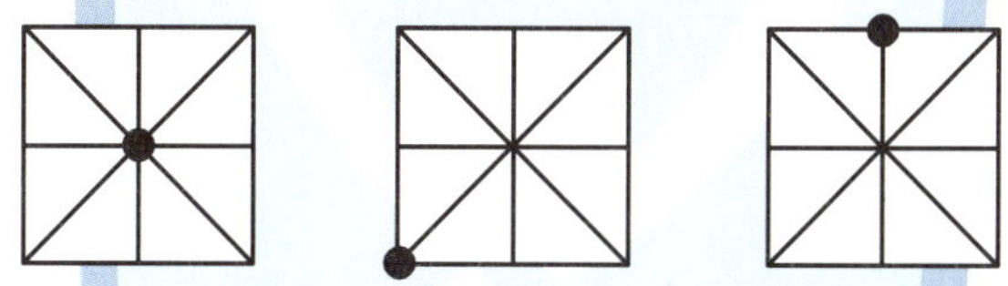

그림 19

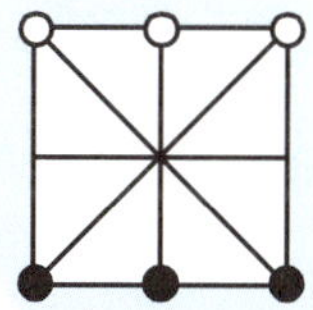

그림 20

국가	이름
아랍어권 나라들	El-Qirqat
이란	Hujura
아일랜드	Cashian Gherra
이탈리아	Filo and Mulino
스페인	Tres en Raya

이탈리아, 프랑스, 영국에서 유래한
6인 모리스

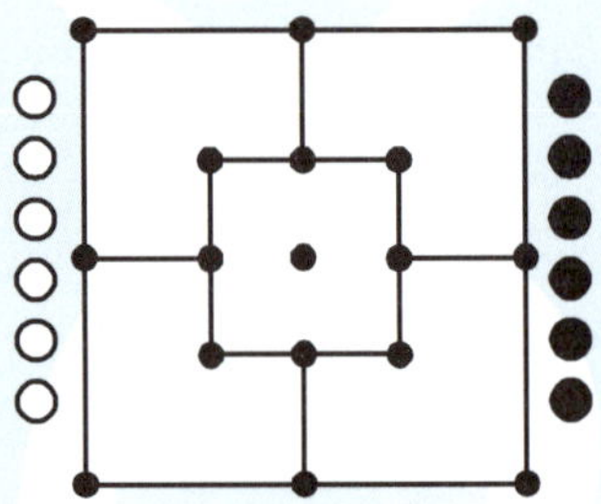

그림 21

영국에서, 삼목 게임은 모리스*Morris*라는 이름으로 불리고 있다. 오래 전에 사람들은 각 경기자가 5개 또는 6개의 말을 가지고 5인 모리스 또는 6인 모리스 게임을 했다. 오늘날 가장 인기 있는 것은 9인 모리스이다. 6인 모리스는 9인 모리스를 위한 좋은 준비가 될 것이다.

준비물

- 연필
- 자
- 적어도 20×20cm 크기의 정사각형 민종이
- 색마커펜 또는 크레용
- 풀
- 적어도 25×25cm 크기의 정사각형의 판지
- 각 경기자 당 종류가 다른 6개의 말 (콩, 단추, 동전, 등)

게임판 그리기

1. 연필과 자를 이용하여 20×20cm 크기의 종이에 두 개의 정사각형을 그린다. 이 중 하나가 다른 하나를 포함하도록 한다. 이 게임판이 종이의 가운데에 위치하도록 하고, 말들을 옮길 공간을 충분히 확보할 수 있도록 한다.
2. 각 변의 중심점들을 연결하는 4개의 선을 그린다. 그림 21
3. 연필로 그린 선을 마커펜이나 크레용으로 따라 그린다. 선들이 교차하는 16개의 점을 표시한다.
4. 이 종이를 판지에 붙인다. 게임판을 마커펜이나 크레용으로 장식한다.

게임하기

1. 2명의 경기자가 번갈아가며 게임판의 빈 점에 한번에 1개의 말을 놓는다.
2. 12개의 말을 모두 놓았을 때, 경기자들은 번갈아가며 한번에 1개의 말을 선을 따라 빈 점으로 움직인다. 이때 다른 말을 뛰어 넘을 수는 없다.
3. 각 경기자는 자신의 말로 삼목을 만들도록 노력한다. 삼목을 만드는 것을 밀*mill*이라고 한다. 밀을 만들 수 있는 8가지 서로 다른 방법이 있다.
4. 이 게임을 진행하던 어느 순간이라도 밀을 만든 경기자는 게임판에서 상대방의 말 중 하나를 잡을 수 있다. 상대방이 만들어 놓은 밀에 있는 말은 치울 수 없다. 단, 상대방의 말들이 모두 밀 상태에 있을 때는 밀 상태에 있는 말도 잡을 수 있다. 잡힌 말들은 진행 중인 게임에서 다시 사용할 수 없다.
5. 게임판에 말이 2개만 있거나 말을 움직일 수 없게 된 경기자는 지게 된다.

좋은 경기자가 되는 방법

가능하면 말을 2~3개 방향으로 움직일 수 있도록 놓아야 한다. 그림에서 검은색 말은 세 방향 중 어느 곳으로도 움직일 수 있다. 또한 흰색 말은 오로지 두 방향으로만 움직일 수 있다. 그림 22

3개의 말을 놓아서 이중 하나를 앞뒤로 움직여 밀을 만들었다가 안 되게 되었다가 할 수 있도록 한다. 밀을 만들 때마다 상대방 말을 하나씩 잡을 수 있다. 그림 23

그림 22

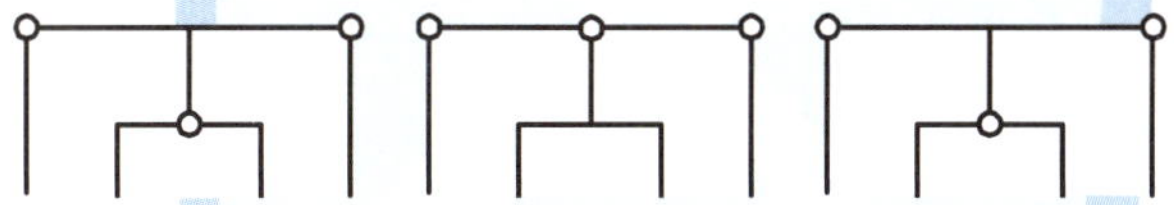

그림 23

생각해 보기

12개의 말 전부가 하나의 밀도 만들지 못하면서 게임판에 놓일 수 있을까?

한 밀을 여러 번 밀이 되었다가 안 되었다가 할 수 있는 방법을 생각해 낼 수 있을까?

규칙 바꾸기

5인 모리스 게임을 해본다. 이 게임에서, 각 경기자는 5개의 말을 갖게 된다. 다른 규칙들은 6인 모리스의 규칙을 따른다.

스페인의 알케르케

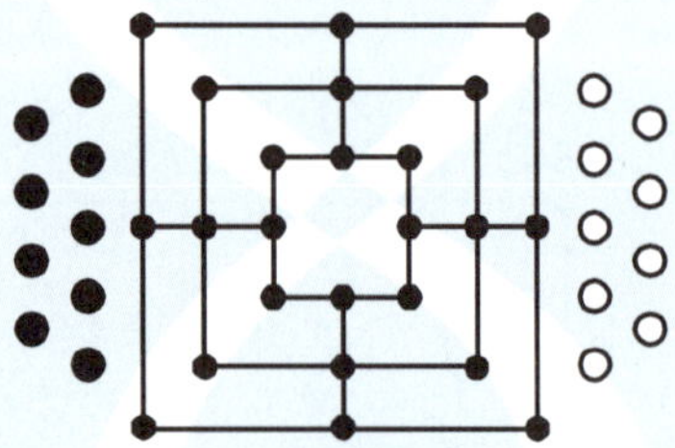

그림 24

이 게임의 이름인 알케르케*alquerque*는 9개의 밀을 뜻한다. 스페인어인 *alquerque*는 이 게임의 아랍어명으로부터 파생하였다. 이것은 올리브에서 기름을 짜는데 쓰이던 방앗간의 한 부분에서 유래되었다.

8세기에 아랍어를 쓰는 사람들이 북아프리카로부터 스페인으로 왔다. 그들은 스페인 사람들에게 체스나 알케르케 같은 다른 나라의 게임들을 가르쳐 주었다.

13세기에, 스페인의 현왕*The Wise*인 알폰소*Alfonso*는 유럽에서 집필된 최초의 게임 책인 『***Book of Games***』에 이 게임에 대한 정보를 싣도록 하였다.

여러 종류의 삼목 게임들이 빈부에 상관없이 유럽 전체 사람들 사이에 유행하고 있었다. 부유한 가정과 궁중에서는 아름다운 게임판을 사용했다. 이 값진 물건들 중 일부는 박물관에 전시되어 있다.

1000년 전에, 항해사들은 바이킹선의 나무 갑판에 게임판을 새겼다. 한 바이킹 왕자의 매장지인 이 배는 노르웨이의 고크스타*Gokstad*에서 출토되었고, 지금은 박물관에 있다. 이탈리아의 작가 *Petrarch*가 쓴 책은 두 유인원 사이에서의 게임을 보여준다.

양치기들은 때때로 방만큼이나 큰 게임판을 만들기 위해 땅에 선을 그었을 것이다. 윌리엄 셰익스피어는 그의 작품 한여름 밤의 꿈에서 폭풍우의 영향에 대해 이렇게 서술했다.

"9인 모리스가 진흙으로 뒤덮였다."

소년들은 궤짝이나 마구간 바닥에 게임판을 새겨 넣었을 것이다. 그들은 일하다 잠깐 휴식시간이 생길 때마다 게임을 했다. 기차를 기다리던 젊은 사람들은 모자꼭대기 편평한 부분에 초크로 선을 긋고 짧은 게임을 했을 것이다.

이 게임은 다양한 이름으로 많이 알려져 있지만 규칙은 같다. 이 활동을 소개하는 마지막 부분에 여러 나라에서 이 게임을 부르는 게임명을 보기 바란다(p.20).

준비물

6인 모리스 참고(16쪽).

각 경기자는 9개의 말을 가진다.

게임판 그리기

1. 자와 연필을 이용해서 종이 위에 3개의 정사각형을 그린다. 가장 작은 정사각형이 가장 안쪽에 중간 크기의 정사각형이 중간에 가장 큰 정사각형이 가장 외곽에 놓이게 한다. 이 게임판이 종이의 가운데에 위치하도록 하고, 말들을 옮길 공간을 충분히 확보할 수 있도록 한다.
2. 그림과 같이 변의 중점들을 연결하는 네 개의 선을 그린다. 그림 24
3. 마커펜이나 크레용으로 연필로 그린 선을 따라 그린다. 선이 교차하는 24개의 점을 표시한다.
4. 판지에 이 종이를 붙인다. 마커펜이나 크레용으로 게임판을 장식한다.

게임하기

영국에서 9인 모리스라 불리는 이 알케르케의 규칙은 17쪽의 6인 모리스와 비슷하다. 중요한 차이점은 다음과 같다.

1. 각 경기자는 9개의 말을 갖는다.
2. 게임은 선이 교차하는 24개의 점에서 이루어진다.
3. 밀, 즉 삼목을 만드는 방법은 16가지가 있다. 밀은 세 정사각형의 변의 중점들을 연결하는 선 위에서도 만들 수 있다. 그림 25

좋은 경기자가 되는 방법

1. 6인 모리스의 힌트를 따르라(17쪽).
2. 십자 밀을 만들도록 노력한다. 그림에서 4개의 말을 연결하는 선은 십자를 만든다. 흰색 말을 사용하는 경기자는 4개의 말 중 어느 하나만을 십자의 가운데로 움직여도 밀을 만들 수 있다. 그림 26

규칙 바꾸기

『*Book of Games*』에 설명되어 있는 것처럼, 주사위를 사용해 이 게임을 할 수 있다. 각 경기자가 자신의 9개의 말을 게임판에 배치하는 단계에서, 경기자들은 번갈아 가며 3개의 주사위를 사용한다. 만약 결과가 아래 조합 중 어떤 것이라면

6-5-4　6-3-3　5-2-2　4-1-1

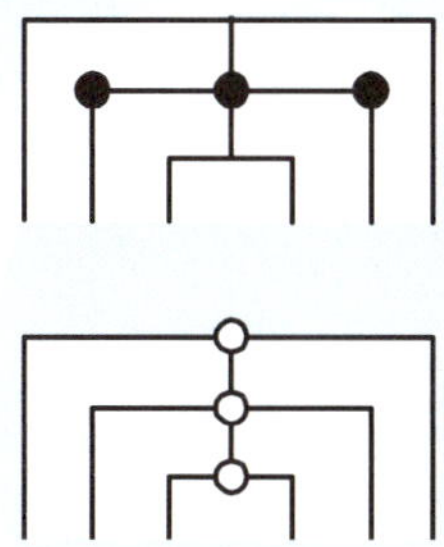

밀을 만들 수 있는 두 가지 방법
그림 25

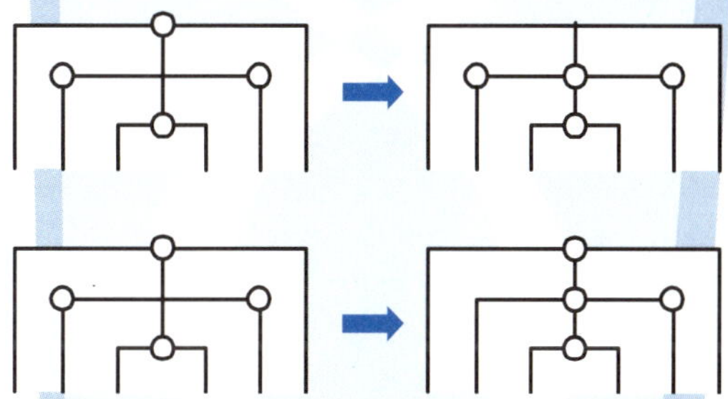

십자 밀
그림 26

이 경기자는 상대편의 말 하나를 잡을 수 있고, 동시에 자신의 말을 게임판에 놓을 수 있다. 이때 이 경기자가 밀까지 만들 수 있다면 그는 게임판에서 상대편 말 2개를 잡을 수 있다. 주사위 숫자의 다른 조합이 나오면 평소 규칙에 의해 진행된다.

세계 여러 나라에서 사용되고 있는 알케르케의 게임명

이 게임은 세계에서 가장 인기 있는 게임 중의 하나이다. 많은 유럽 국가들에서, 이 게임명은 "방앗간*mill*"이란 단어가 들어간다.

국가	이름
아랍어권 국가들	Dris
영국	Nine Men's Morris
독일	Muhle
그리스	Triodi
헝가리	Malom
인도	Nao-guti
이탈리아	Mulinello
캘리포니아의 원주민	Yakamaido
미국 남서부 원주민	Pitarilla, Picaria, Paitariya
나이지리아	Akidada
노르웨이	Molle
러시아	Melnitsa
스웨덴	Qvarn

몽골의 지리그 *Jirig*

아시아에 있는 몽골 사람들은 수세기동안 가축들을 기르는 유목민 생활을 하였다. 몽골인들은 양, 염소, 말, 소, 들소, 낙타를 길렀다. 일가권속(一家眷屬)이 자신들의 가축을 보호하며 가축의 먹이를 찾아 이곳에서 저곳으로 이동하곤 했다.

게임과 스포츠는 몽골인들의 삶에 있어 중요하다. 몽골인들은 여름 스포츠인 말 경주로 유명하다. 초봄 이들의 설맞이 축제 기간에, 이들은 설맞이 축제의 일부분으로서 보드게임과 도미노를 즐긴다. 과거 몽골인들은 여름과 가을에 보드게임을 하면 천둥과 더불어 가축을 해치는 늑대를 불러 온다고 믿었다. 아마도 그런 게임들을 금지한 실제적인 이유는 가축을 보호하는 데에 관심을 집중시키기 위해서였을 것이다.

준비물

- 최소 20×20cm 크기의 정사각형 모양의 민종이
- 자
- 연필
- 마커펜이나 크레용
- 접착제
- 최소한 25×25cm 크기의 정사각형 모양 판지
- 각 경기자, 팀 당 11개의 서로 구분되는 말 (콩, 단추, 동전 등)

게임판 그리기

우선 알케르케 게임판을 그린다(19쪽 참고). 그러고 나서, 세 정사각형의 꼭짓점들을 연결해서 대각선을 그린다. 선들이 교차하는 점 위에 24개의 점을 찍는다. 그림 27

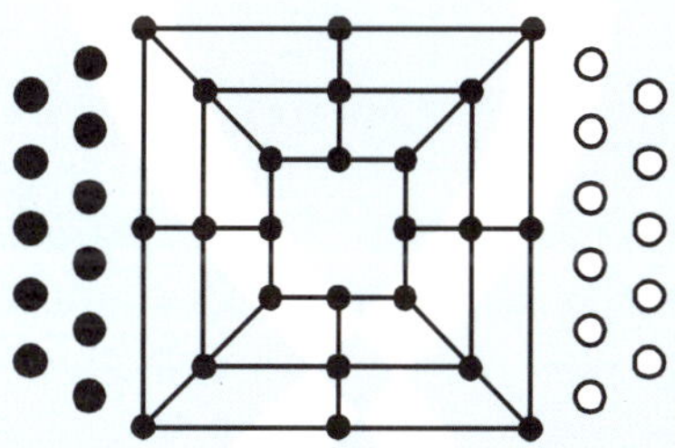

지리그 게임판
그림 27

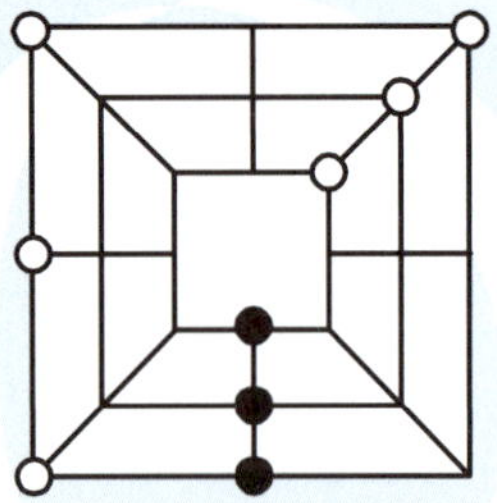

삼목을 만들 수 있는
서로 다른 세 가지의 방법
그림 28

게임하기

이 게임의 목적 또한 삼목을 만드는 것이다. 삼목은 정사각형의 변을 따라 만들어질 수 있고, 정사각형들의 변들의 중점들을 연결하는 선을 따라 만들어질 수 있고, 꼭짓점들을 연결하는 대각선을 따라 만들어질 수 있다. 삼목을 만드는 방법은 20가지가 있다. 그림 28

1. 경기자들은 교대로 한 번에 한 개의 말을 게임판 위의 빈 점에 올려놓을 수 있다. 모든 말들을 놓은 후, 경기자들은 교대로 선을 따라 비어 있는 교차점 위로 말을 옮길 수 있다. 말을 건너뛰어 다른 교차점 위로 말을 옮길 수는 없다.
2. 한 경기자가 삼목을 형성하면, 이 경기자는 게임판으로부터 상대방의 말 중 하나를 잡을 수 있다. 이 잡힌 말은 게임에서 더 이상 사용할 수 없다. 하지만 상대방이 삼목을 만들어 놓은 말들은 잡을 수 없다.
3. 2개의 말만 남게 되거나 더 이상 움직일 수 없는 사람이 지게 된다.

좋은 경기자가 되는 방법

6인 모리스와 알케르케에 나오는 힌트를 참고한다.

규칙 바꾸기

네렌치*Nerenchi* 게임을 한다. 스리랑카의 여성들은 네렌치라는 게임을 즐긴다. 이 게임판은 지리그와 같다. 각 경기자나 팀은 12개의 말을 갖는다. 말을 놓는 단계에서 삼목을 만든 경기자는 말을 놓을 수 있는 기회를 한 번 더 갖는다. 이 단계에서 삼목을 만들 때마다 이렇게 할 수 있다. 말을 놓는 단계는 22개의 말이 게임판 위에 올려놓을 때 끝난다. 한 경기자가 12개를 올려놓을 수 있고, 다른 경기자는 10개만 올려놓을 수 있다.

아래에 소개되어 있는 게임들은 각 경기자가 12개 말을 가지고 있고, 게임판은 네렌치와 같다.

국가	이름
중국	삼키 Sam K'i
한국	고누 Kon-tjil
말레이시아	딕딕 Dig Dig
소말리아	스하 Shah and Shax
영국 식민지 시대의 미국	12인 모리스Twelve Men's Morries

레소토와 남아프리카의 무라바라바

최근까지만 해도 남아프리카에 위치한 레소토라는 국가의 소년들은 낮 동안 소떼를 돌보는 데에 시간을 보냈다. 하지만 이들은 벌을 받을 위험을 무릅쓰고 가끔 무라바라바 *Murabaraba* 게임을 눈치껏 하였다.

요즘은 레소토의 대부분의 아이들이 낮 동안 학교에서 보내며, 일부 교사들은 학생들이 무라바라바 게임을 하도록 독려한다. 최근의 한 연구는 무라바라바 게임을 해보지 않은 학생에 비해 무라바라바 게임을 해본 학생들이 기하학을 더 잘한다고 보고하였다.

무라바라바는 더 이상 소년들만의 게임이 아니라 소녀들도 참여한다. 종종 두 편으로 나누어 게임을 하게 되면 친구들이 주변에 모여들고 옆에서 훈수를 두곤 한다. 이 게임이 워낙 대중적이다 보니 종종 마을에 있는 편평한 바위 위에 언제든 게임을 할 수 있도록 게임판이 그려져 있다.

준비물

21쪽에 나와 있는 지리그의 준비물을 참고한다.
각 경기자는 12개의 돌을 갖는다.

게임판 그리기

1. 자와 연필로 종이 위에 3개의 정사각형을 그린다(정사각형 안에 정사각형을 그린다). 말을 올려놓을 여유가 충분히 생기도록 잘 설계하여 그리도록 한다.
2. 3개의 정사각형의 중점들을 연결하는 2개의 긴 선을 그린다. 이 두 선은 가운데에서 만나게 된다.
3. 2개의 큰 정사각형의 꼭짓점들을 연결하는 대각선을 그린다. 그림 29
4. 25개의 교차점들을 마커펜나 크레용으로 표시한다.

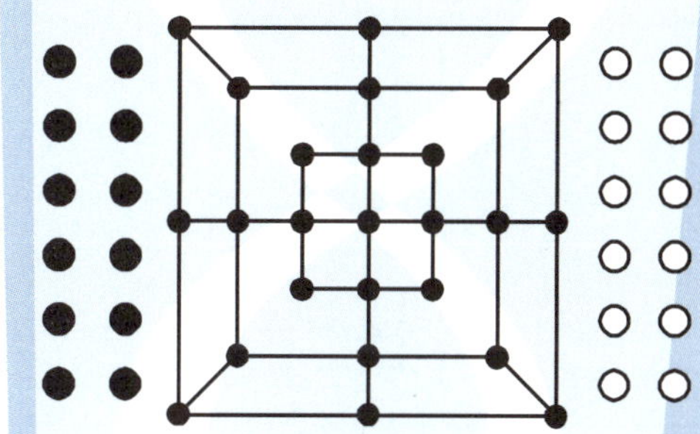

무라바라바 게임판
그림 29

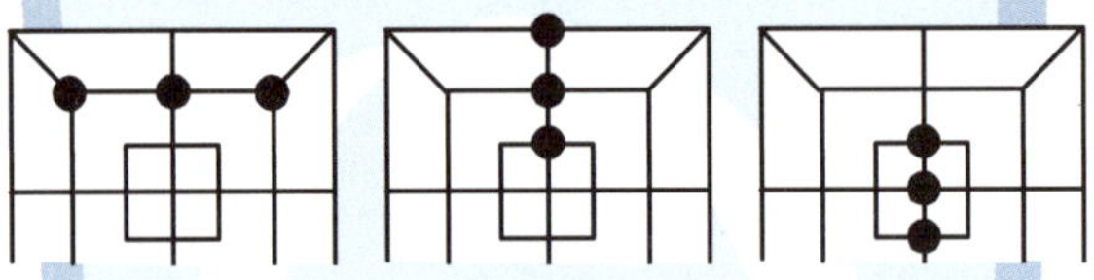

그림 30a

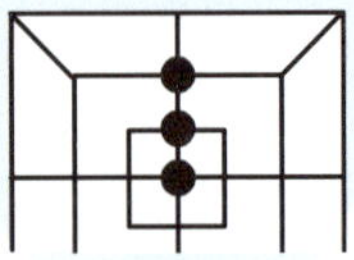

그림 30b

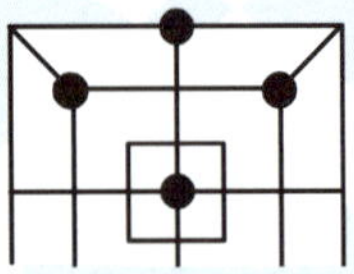

그림 31a

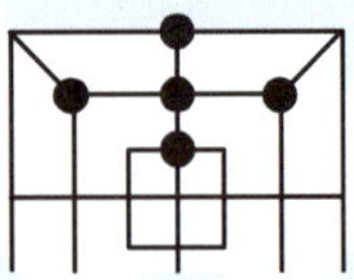

그림 31b

세 가지 서로 다른 "스트라이크" 위치
이 경우는 "스트라이크"라고 하지 않는다.
검은색 말이 놓을 차례이다.
검은색 말이 한 번의 놓음으로
두 개의 스트라이크를 만들었다.

5. 이 종이를 판지에 붙인다. 만일 이미 알케르케 게임판(18쪽)을 가지고 있다면, 3 정사각형의 중점들을 연결하는 선들을 그리고 두 큰 정사각형의 꼭짓점들을 연결하기만 하면 된다.

게임하기

두 경기자(또는 두 팀)이 교대로 한 번에 한 개의 말을 게임판의 빈 곳에 놓는다. 이 단계는 24개의 말이 모두 게임판 위에 놓일 때 끝난다.

1. 경기자들(또는 팀들)은 교대로 한 번에 한 개의 말을 선을 따라 빈 곳의 교차점 위에 옮겨놓을 수 있다. 다른 말을 뛰어넘을 수는 없다.
2. 각 경기자는 자신의 말로 삼목을 만들려고 노력한다. 이 게임에서 삼목을 "스트라이크*strike*"라고 한다. 게임판의 중앙에서 삼목을 만들었을 때는 "스트라이크"라고 하지 않는다. 그림 30a와 그림 30b
3. "스트라이크"를 만든 경기자는 게임판에 있는 상대방의 말 중 어느 것이라도 하나를 잡을 수 있다. 잡힌 말을 더 이상 사용할 수 없다.
4. 게임 도중 한 번에 2개의 "스트라이크"를 완성할 수 있는데, 이 때는 상대방의 말을 2개 잡을 수 있다. 그림 31a와 그림 31b

함정 : 게임판에 말을 올려놓는 단계 동안, 한 줄에 2개의 말을 가지고 있는 경기자는, 가능하면, 다음 말을 놓을 때 "스트라이크"를 만들어야 한다. 이 상황을 '함정'이라고 하는데, 만일 한 경기자가 "스트라이크"를 할 수 있는데도 안하고 다음 차례에 "스트라이크"를 만들게 되면 상대방이 이 경기자의 말 2개를 잡을 수 있다.
게임을 하는 동안에는 어떠한 함정도 없다. 만일 말을 움직일 수 없게 되면 한 번 쉬거나 게임을 포기하게 된다.

종료 : 2개의 말만 남게 되거나 움직일 수 없어 포기하게 되는 경우 지게 된다. 게임판에 3개의 말만 갖고 있는 경기자는 이것들을 임의의 빈 교차점으로 이리저리 옮길 수 있다. 하지만 일반적으로 대부분의 경우 그 전에 게임은 끝난다.

좋은 경기자가 되는 방법

알케르케에서 제시한 힌트와 전략이 도움이 될 것이다.

샘플 게임

그림 32에 나와 있는 대로 게임판에 말들을 배치시킨다. 24개의 말들 모두가 게임판 위에 놓여 있고, 어떤 경기자도 "스트라이크"를 만들지 않았고 함정에 걸리지도 않았다.

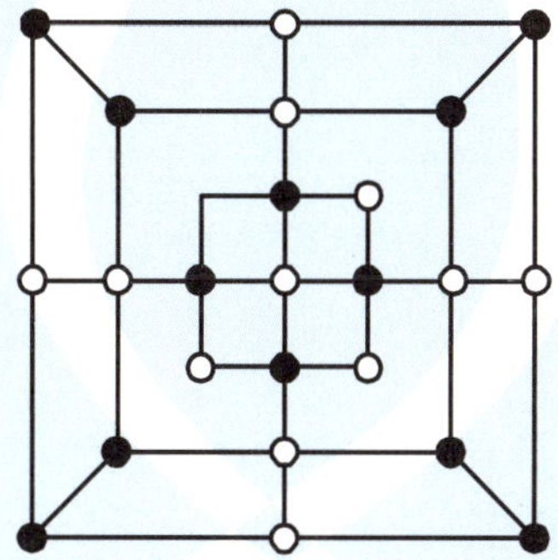

그림 32

삼목 게임판의 모양

그림 33
여러 가지 지리그 게임판

몽골사람들은 자신들이 하는 삼목 게임을 "지리그"하고 불렀다. 21쪽에 몽골사람들이 이 게임을 할 때 사용하는 정사각형들에 대한 설명이 있다. 하지만 몽골사람들은 다른 모양(삼각형, 오각형, 육각형)으로 된 게임판으로도 "지리그" 게임을 즐긴다. 그림 33

게임 방법은 모두 같다. 차이점이 있다면, 게임판에 따라 말의 수가 달라진다는 것이다.

생각해보기

삼각형 게임판은 몇 개의 말을 사용할까? 오각형 게임판은 몇 개의 말을 사용할까? 육각형 게임판은 몇 개의 말을 사용할까? 이들 질문들에 답하기 위해서 정사각형 게임판을 살펴보기로 한다.

정사각형 게임판에는 24개의 교차점이 있다. 각 경기자는 11개의 말을 가지고 있고 전부 22개의 말이 필요하다. 각 경기자가 12개의 말을 가지고 있다고 가정해 보자. 게임이 가능할까? 한 경기자가 12개의 말을 가지고 있고 다른 경기자가 10개나 11개를 가지고 있다고 가정해보자. 공평할까? 각 경기자가 사용할 수 있는 말의 최대 수는 몇 개인가?

삼각형 게임판을 살펴보자. 교차점이 몇 개 있는가? 모든 교차점을 세지 말고, 빠른 길을 찾아보도록 하자. 한 삼각형에는 교차점이 몇 개 있는가? (6개) 삼각형이 몇 개 있는가? (3개) 전체 교차점은 몇 개인가? (18개) 각 경기자는 몇 개의 말을 가질 수 하는가?

이제 오각형 게임판과 육각형 게임판에는 최대 몇 개의 말을 사용할 수 있는지 구해보자. 각각의 경우 몇 개의 말이 필요한가? (스스로 구해본 다음, 구한 답을 153쪽에서 확인하기 바란다.)

각 게임판에 있는 교차점들보다 2개 적은 말이 필요하다는 결론을 얻었을 것이다. 그것은 논리적인 결론이다.

12인 모리스 혹은 22쪽에 나와 있는 다른 게임들에 대해서도 궁금해질 것이다. 각 경기자는 12개의 말을 가지고 있으며, 게임판에는 24개의 교차점이 있다. "말 올려놓기" 단계에서 최소한 1개의 말이 잡혀야 한다. 그래야만 게임을 진행할 수 있다.

하지만, 22쪽에 나와 있는 네렌치의 경우는 어떠한가? 이 게임판은 24개의 교차점을 가지고 있고, 경기자들은 각각 12개의 말을 가지고 시작한다. 그런 문제를 해결할 수 있는 방법을 스스로 구해서 확인해 보도록 한다.

우리가 지금까지 논의한 각 게임판은 짝수의 교차점을 가지고 있다. 하지만 남아프리카에 있는 짐바브웨 사람들은 홀수점을 가진 판 위에서 하는 게임을 한다. 이 게임은 "*Tsoro Yematatu*"라는 명칭으로 불린다. 이 게임판은 7개의 교차점이 있고, 각 경기자는 3개의 말을 가진다. 그림 34

홀수 교차점을 갖는 또 다른 게임은 무라바라바(23쪽)이고, 이 게임은 남부 아프리카에서 유행한다. 만일 24개의 말이 모두 게임판 위에 놓인다면, 빈 교차점은 한 개 뿐이다. 25쪽에 있는 샘플 게임은 좋은 예이다. 이 샘플 게임을 끝내기 위해서 노력해 보았는가? 대단한 도전거리이므로 반드시 게임을 끝내보도록 하자!

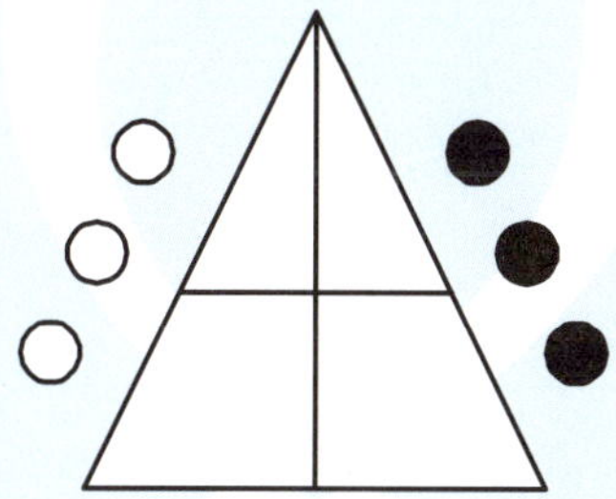

그림 34

2

더 많은 보드게임들

이 장에서 크게 두 형태의 게임들에 대해 알게 될 것이다. 이 두 형태의 게임들은 모두 두 명이 함께 할 수 있는 게임들이다. 처음 2개의 게임은 아시아에 있는 국가들에서 하는 것인데 호랑이가 자신보다 더 작은 동물들을 잡아먹는 게임이다. 첫 번째 게임에서는, 표범들이 위험에 처해 있고 단 한 마리의 호랑이에 저항하며 자신들을 보호해야만 한다. 두 번째 게임에서는, 세 마리의 호랑이들이 열다섯 마리의 새끼 양들에게 달려들려고 한다. 호랑이들과 다른 동물들 중 어느 동물이 더 강할까? 호랑이가 아프리카 대륙이 아니라 아시아 대륙에서 산다는 사실을 알고 있었는가?

그 다음 4개의 게임은 만카라*Mankala* 게임이다. 만카라는 아랍어로 "이동"을 의미한다. 경기자들은 말들을 게임판에 있는 한 컵에서 다른 컵으로 이동시킨다. 만카라는 수천 년 전부터 이어져 내려온 게임으로, 필리핀, 스리랑카, 중앙아시아, 그리고 아랍어를 구사하는 나라들에서 인기가 있다. 노예 경매를 통해 잡혀온 아프리카인들은 동 브라질, 수리남, 가이아나, 카리브해의 섬들과 같이 아메리카 대륙의 여러 국가들에 이 게임을 가져갔다. 이들 국가에서 만카라는 오늘날에도 여전히 인기 있다. 미국에는 최근에 들어서 소개되었다. 과거에 미국에 있는 노예 소유주들은 노예들에 대한 통제를 강화하려는 노력의 일환으로 모든 아프리카 문화의 흔적을 없애려고 하였는데, 그 중에서는 게임을 금지하는 것도 포함되어 있었다.

이 장을 통해 이 게임에 붙여진 이름을 통해서 이 게임을 했던 사람들의 문화에 대해 배울 수 있다. 동북 아프리카에 있는 국가인 수단 사람들은 목축을 하는데, 이들은 이 게임의 이름을 염소와 소라고 칭하였고, 주로 모래에 구멍을 파서 임시변통의 게임판을 만들었다. 반면, 한때는 부유한 국가였던 가나 사람들은 집들을 구입하고, 약탈한 귀중품들을 금고에 넣어 두었다. 이들은 때때로 여러 세대에 걸쳐 사용하기 위해 제작한 아름답게 조각된 게임판 위에서 이 게임을 즐겼다.

이 장에서 언급된 나라들을 지도에서 찾아보고 이 나라들에 대해 더 자세히 알아보기 바란다.

태국의 **표범과 호랑이**

게임판

이 게임은 남 아시아에서 인기 있는 단순한 형식의 표범 게임이다. 태국 말로 *Hat Diviyan Keliya*라 불리는 이 게임은 2명의 경기자가 하는 게임으로, 두 경기자 중 한 경기자는 "호랑이"라 불리는 단 하나의 말을 가지고 게임을 하게 된다. 다른 한 경기자는 "표범"이라 불리는 6개의 말을 가진다. 어떻게 호랑이, 표범 같은 동물들의 이름을 게임 말에 붙여 사용할 수 있었을까?

지도상에 태국을 찾아보기 바란다. 태국은 시암*Siam*이라고 불렸었다.

준비물

- 약 25×25cm 크기의 민종이
- 약 30×30cm 크기의 판지
- 자
- 연필
- 펜이나 마커펜
- 접착제
- 동일한 종류의 6개의 말, 다른 종류의 말 1개 (콩, 단추, 말, 동전 등)

게임판 그리기

1. 게임판은 이등변 삼각형 모양이다. 연필과 자를 가지고, 그림 1a에 있는 것처럼 이등변 삼각형을 그린다. 그림 1a
2. 이 이등변 삼각형을 절반으로 가르는 선을 그린다. 그림 1b
3. 그림 1c에 있는 것처럼, 이등변 삼각형의 밑변에 평행한 두 개의 선을 그린다. 그림 1c
4. 연필로 그은 선들을 펜이나 마커펜으로 진하게 다시 그린다. 10개의 교차점을 표시하고, 이 10개의 교차점에서 게임을 한다. 그림 1d
5. 판지 위에 이 종이를 붙인다. 게임판을 장식해도 좋으며 재사용하기 위해 보관하도록 한다.

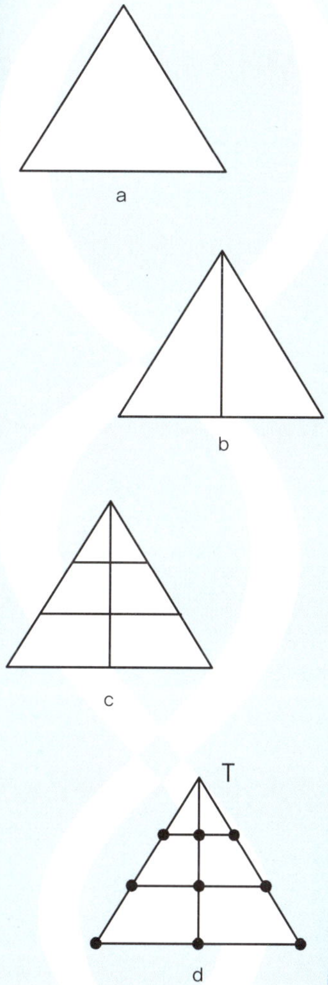

게임판
그림 1

게임하기

1. 경기자 1이 호랑이 말을 가진다. 경기자 2는 표범 말 6개를 가진다.
2. 경기자들은 게임판 위의 한 점에서 다른 점으로 이동한다. 경기자 1이 먼저 이동하고, 호랑이 말을 이등변 삼각형의 T지점에 놓는다. 경기자 2는 표범 말 하나를 임의의 빈 지점에 놓는다. 경기자들은 교대로 놀이를 한다. 경기자 2가 한 번에 한 표범 말씩 임의의 빈 지점에 모든 표범 말을 놓는 동안, 호랑이 말은 선을 따라 옆의 빈 지점으로 이동할 수 있다. 모든 표범 말들이 게임판 위에 놓일 때까지 자신들의 위치를 바꿀 수 없다.
3. 한 번에 한 개의 말을 선을 따라 이동시키면서 계속해서 교대로 한다. 호랑이 말만이 표범 말을 잡을 수 있다. 호랑이 말은 선을 따라 한 표범 말을 뛰어 넘어서 옆의 빈 지점으로 갈 수 있으면 표범 말을 하나 잡을 수 있다. 호랑이 말이 잡을 수 있는 말은 바로 뛰어 넘은 그 표범 말이다. 만약 방금 표범을 뛰어 넘은 같은 선 상에 있는 지점이 비어 있다면, 이 호랑이 말은 한 번의 이동으로 하나 이상의 표범 말을 잡을 수 있다. 반면에, 표범 말은 호랑이 말을 막도록 노력해서 호랑이 말이 이동할 수 없도록 해야 한다.
4. 호랑이 말이 더 이상 움직일 수 없다면 표범 말이 이긴다. 만약 호랑이 말이 많은 표범 말들을 잡아서 호랑이 말이 더 이상 막히지 않는다면 호랑이 말이 이긴다.

생각해보기

첫 번째 표범 말을 호랑이 말 바로 밑에 놓는 것이 현명한 것인가?

첫 번째 표범 말을 가장 안전하게 놓을 수 있는 지점은 어디인가?

규칙 바꾸기

스리랑카의 아이들은 호랑이 말 하나와 표범 말 일곱 개로 이 게임을 한다. 그 외의 규칙은 같다.

지도 위에서 스리랑카를 찾는다. 스리랑카는 영국의 식민지였으며, 실론*Ceylon*이라고 불렸다. 1948년에 스리랑카는 독립국이 되었다. 1972년에 스리랑카는 "눈부시게 빛나는 섬"을 의미하는 나라의 전통적인 옛 이름인 스리랑카*Sri Lanka*를 채택하였다.

인도의 양과 호랑이

이 게임은 푸리주담*Pulijudam*이라고 불리기도 하고, 둘이서 하는 게임이다. 이 게임은 29쪽에 있는 표범과 호랑이 게임보다 더 복잡한 형태이다. 인도에서 뿐만 아니라 이웃 국가들도 이 게임을 한다.

경기자 1은 3개의 호랑이 말을 갖고, 다른 경기자는 15개의 양의 말을 가진다. 어떤 동물이 다른 동물을 잡을 수 있을지 추측할 수 있겠는가?

준비물

경기자 1이 3개의 호랑이 말을 갖고,
경기자 2가 15개의 말을 갖는 것을 제외하고는
표범과 호랑이 게임과(29쪽) 같다.

게임판 그리기

1. 자와 연필을 이용해서 그림 2a와 같이 길쭉하고 좁은 삼각형을 그린다.
2. 이 삼각형의 꼭짓점을 공유하는 조금 더 넓은 삼각형을 그린다. 그림 2b
3. 그림 2c와 같이 이 두 삼각형과 교차하는 이등변 사다리꼴을 그린다. 그림 2c
4. 펜이나 마커펜으로 선을 따라 그린다.
5. 선들이 교차하는 17개 교차점을 표시한다. 이 게임은 이들 교차점에서 진행된다. 상단에 있는 세 개의 교차점들은 문자 T로 표시한다. 그림 2d

게임하기

1. 경기자 1이 먼저 놓기 시작하고, T라고 표시한 세 교차점 중의 한 점에 호랑이 말을 하나 놓는다. 그러고 나서, 경기자 2가 T라고 표시된 곳을 제외한 임의의 빈 교차점에 양 말을 하나 놓는다.
2. 경기자들은 교대로 한다. 경기자 1이 먼저 T라고 표시된 교차점에 나머지 호랑이 말들을 놓는다. 경기자 2가 15개의 말들을 모두 놓는다. 모든 말들이 놓일 때까지 놓인 말들을 이동해서는 안 된다.

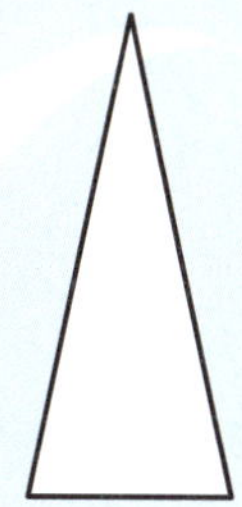

삼각형
그림 2a

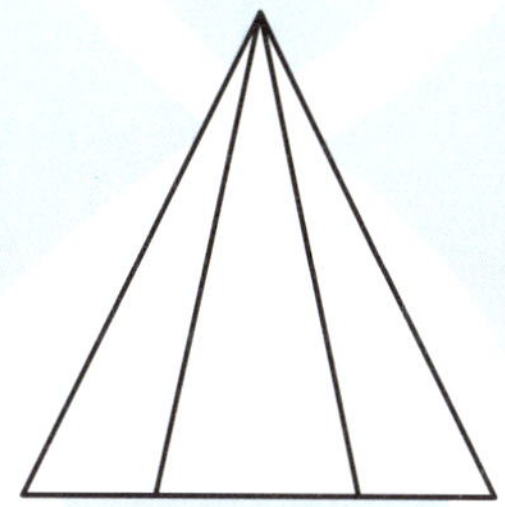

또 다른 삼각형 하나를 그린다.
그림 2b

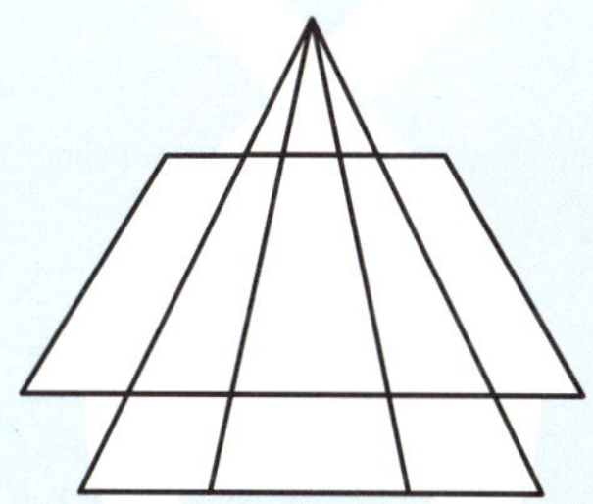

이등변 사다리꼴을 그린다.
그림 2c

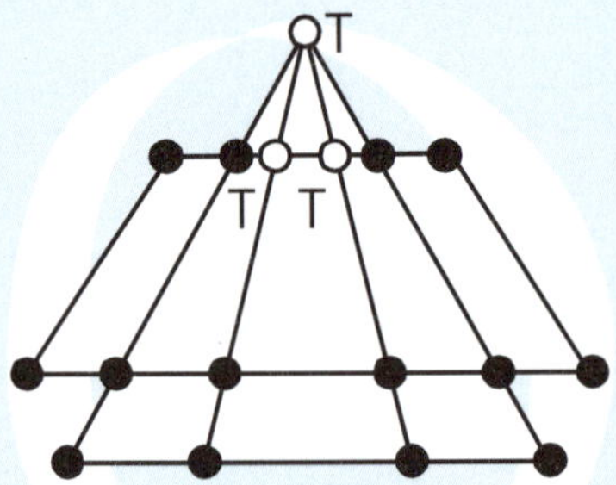

게임판
그림 2d

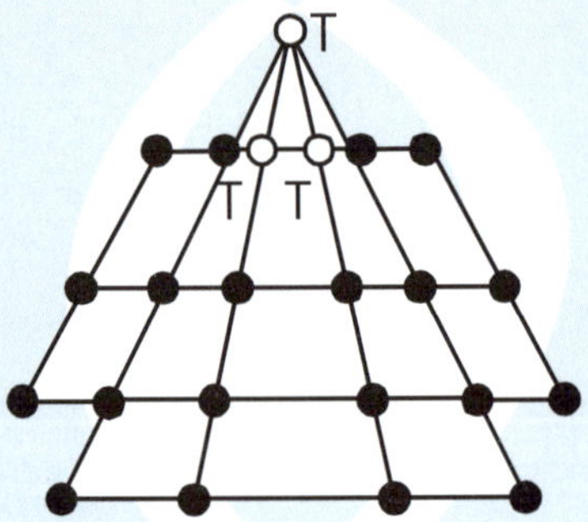

그림 3

3. 경기자들은 계속해서 교대로 놓는다. 이 때, 한 번에 1개의 말을 선을 따라 옆의 빈 지점으로 이동할 수 있다. 한 양 말을 점프하여 옆의 빈 교차점으로 선을 따라 이동할 수 있는 호랑이 말만이 양 말을 잡을 수 있다. 이 양 말은 이번 게임에서 제외된다. 호랑이 말은 한 번 이동으로 하나 이상의 양 말을 잡을 수 있다. 반면에, 양 말들은 호랑이 말들을 막아서 호랑이 말들이 이동할 수 없도록 해야 한다.
4. 양 말들이 호랑이 말 3개를 막으면, 양 말들이 이긴다. 게임판에 양 말들이 거의 없어서 호랑이 말들을 막을 수 없으면, 호랑이 말이 이긴다.

생각해보기

게임판에는 17개의 교차점이 있는데, 이 게임에는 18개의 말이 있다. 이 게임을 진행하려면 어떻게 해야 하는 것일까?

규칙 바꾸기

더 큰 게임판에서 같은 게임을 시도해본다. 이등변 사다리꼴의 두 변의 중점들을 연결하는 선을 그린다. 새로운 교차점 6개를 표시한다. 이제 이 게임판은 23개의 교차점을 가진다. 그림 3

인도네시아의 **추가 루마** *Tchuka Ruma*

이것은 혼자서 할 수 있는 게임이다. 경기자들은 모든 말들이 루마라는 곳에 모일 때까지 말들을 한 번에 서너 개씩 옮길 수 있다. 이 게임은 이 장의 후반부에서 소개되어 있는 이동 게임인 여러 종류의 만카라 게임을 도입하기 좋은 게임이다. 인도네시아 아이들은 종종 모래에 구멍을 파고 돌이나 나무토막을 주워서 말로 사용한다. 판 대신에 종이 위에서 이 게임을 할 수 있다.

아시아 지도에서 인도네시아를 찾아보도록 한다. 인도네시아는 적도 상에 위치하고 있으며 17,000개의 섬으로 이루어져 있다. 이 나라 사람들은 이들 섬 중 약 6,000여 개의 섬에서 살고 있다.

준비물

- 약 25cm 길이의 종이
- 약 30cm 길이의 판지
- 연필, 자
- 볼펜이나 마커펜, 풀
- 8개의 말(단추, 콩, 동전, 등)

게임판 그리기

1. 세로 5cm, 가로 25cm 크기의 직사각형을 그린다.
2. 긴 변에 5cm마다 점을 찍는다. 그림 4a
3. 이 점들을 연결한다. 처음 직사각형이 5개의 작은 정사각형으로 나누어진다.
4. 볼펜이나 마커펜으로 연필로 그린 선들을 다시 그린다. 오른쪽에 있는 마지막 정사각형에 "루마"라고 적는다. 그림 4b
5. 이 종이를 판지 위에 붙인다. 원한다면 이 게임판을 꾸민다.

게임하기

1. 시작하기 위해, 각 정사각형에 말을 두 개씩 놓는다. 이동은 왼쪽에서 오른쪽으로 한다. 그림 4c

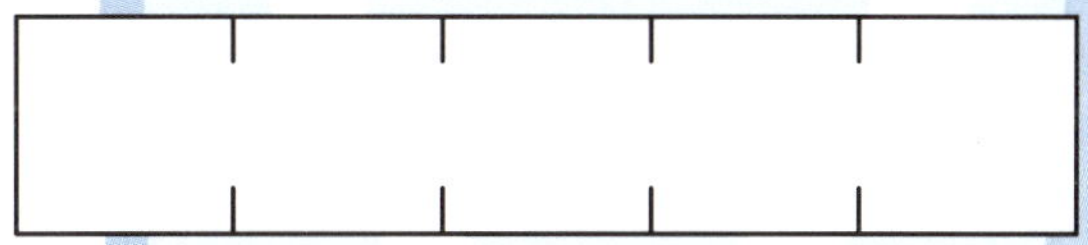

그림 4a

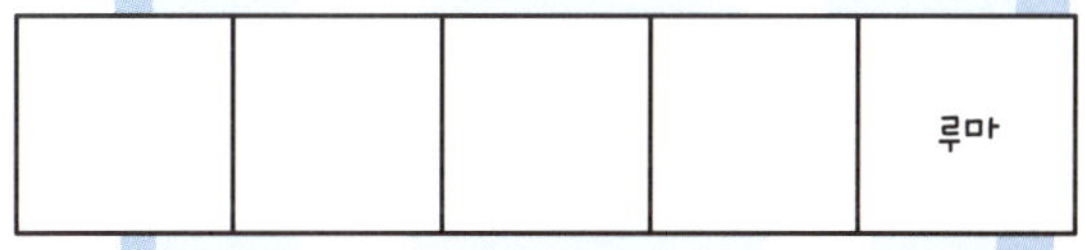

그림 4b

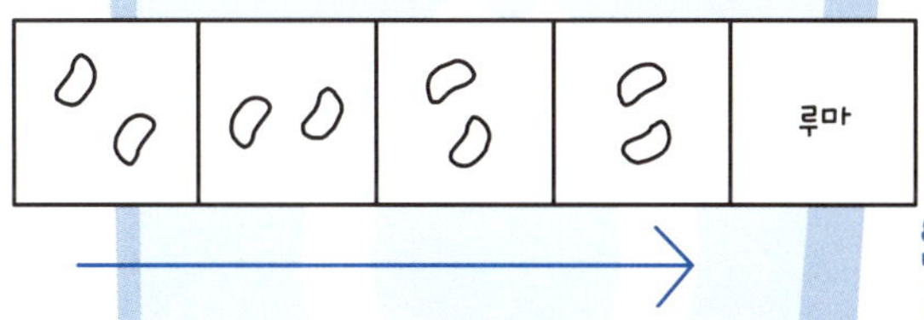

그림 4c

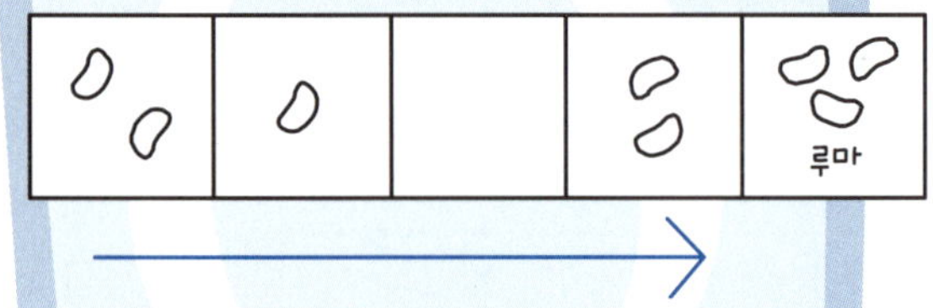

그림 5

2. 임의의 정사각형으로부터 말들을 집어 들고, 이것들을 루마를 포함해서 옆에 있는 정사각형 하나에 한 개씩 떨어뜨린다. 이것을 "씨앗뿌리기"라고 부른다. 만약 경기자가 루마 안에 말을 하나 떨어뜨리고 경기자의 손 안에 1개 또는 그 이상의 말이 남아 있다면, 첫 번째 정사각형으로 돌아가서 씨앗뿌리기를 계속한다. 경기자는 마지막 말이 빈 정사각형에 떨어지지 않도록 씨앗뿌리기 계획을 잘 세워야 한다.
3. 경기자가 마지막 말을 떨어뜨린 후, 그 정사각형 안에 있는 모든 말을 집어 들고, 전처럼 씨앗뿌리기를 계속한다. 마지막 말이 루마에 떨어지면, 경기자는 임의의 정사각형에서 말들을 집어 들고 씨앗 뿌리기를 할 수 있다. 하지만, 경기자의 손에 있는 마지막 말이 빈 정사각형에 떨어지면, 경기자는 이 게임을 잃게 된다. 경기자가 모든 8개의 말을 루마 안에 넣으면, 경기자가 게임을 이긴 것이다.

생각해보기

주의해야 할 힌트가 한 가지 있다. 그림 5처럼 연습 게임판을 준비한다. 경기자는 첫 번째 정사각형에 두 개의 말을 가지고 있고, 두 번째 정사각형에는 1개의 말, 세 번째 정사각형에는 아무것도 없고, 네 번째 정사각형에는 2개의 말이 있다. 루마에는 세 개의 말이 있다. 어떤 정사각형에서 시작하더라도 경기자는 이 게임에서 질 것임을 설명하기 바란다. 그림 5

규칙 바꾸기

5개의 정사각형과 루마가 있는 더 긴 게임판을 만든다. 경기자는 10개의 말을 사용한다. 그 외에 규칙은 위와 같다.

수단의 **작은 염소 게임**

이 게임은 두 명의 경기자가 번갈아 가며 하는 게임이다. 이 게임은 북 수단에서는 *Um el Tuweisat*라고 불리며, 북동 아프리카의 수단에서 유래되었다. 이 게임은 37쪽에서 소개하는 소 게임의 쉬운 형태이다. 아이들은 모래에 구멍을 파고 말로 사용할 씨앗들을 모은다. 종이 위에서 이 게임을 해 보면 각 움직임이 정확히 어떻게 되는지 알 수 있게 되는데 도움을 받을 수 있다.

준비물

- 판지 • 자 • 연필
- 마커펜 • 2개의 작은 컵
- 12개의 말
  (단추, 콩, 조약돌, 또는 조개껍질과 같은 것)

게임판 그리기

1. 가로 15cm × 세로 10cm 크기의 직사각형을 그린다.
2. 이 직사각형을 가로 5cm×세로 5cm 크기의 정사각형 6개로 나눈다.
3. 마커펜으로 선을 따라 그린다.
4. 이 게임판의 양 끝에 "저장그릇"이라고 부를 컵을 놓는다. 그림 6

게임하기

1. 경기자들은 게임판을 사이에 두고 얼굴을 마주보고 앉는다. 작은 6개 각 정사각형 안에 말(콩)을 두 개씩 놓는다. 각 경기자는 자신의 앞에 있는 3개의 정사각형을 자신의 것으로 한다. 각 경기자의 오른쪽에 있는 저장그릇이 각 경기자의 저장그릇이다. 그림 7
2. 말을 옮기기 위해서, 경기자 1이 자신의 컵들 중에서 임의의 컵으로부터 말들을 집어 들고 각 컵에 하나의 말을 떨어뜨린다. 이것을 씨앗뿌리기라고 표현한다. 씨앗(말)을 떨어뜨리는 방향은 그림 8을 참

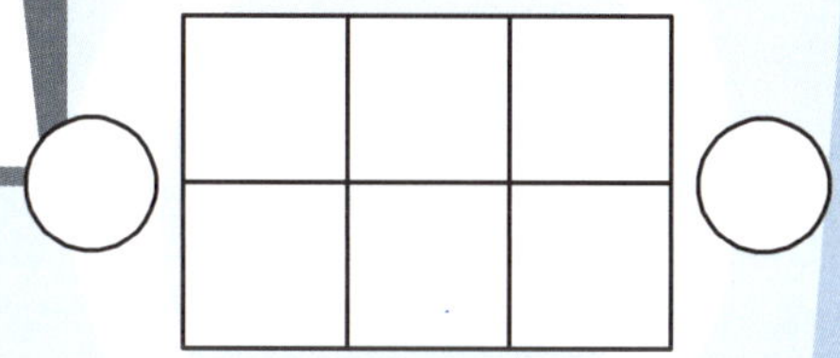

그림 6

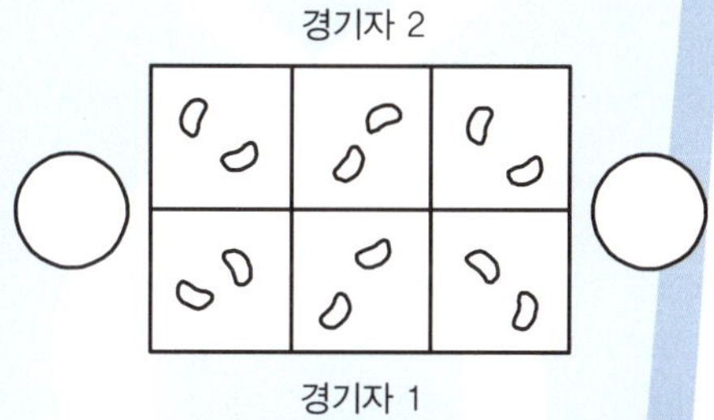

그림 7

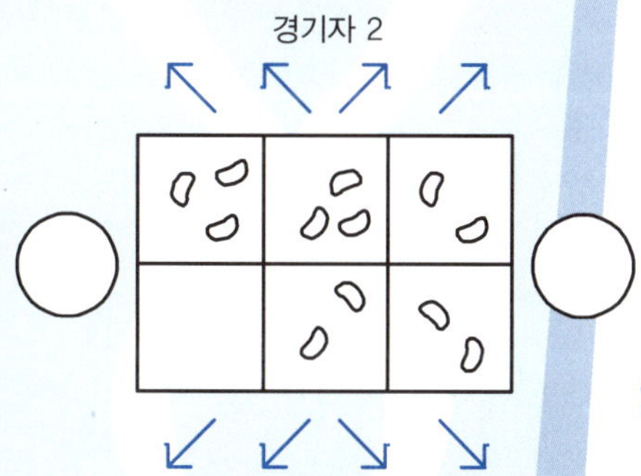

경기자 1의 첫 번째 움직임
그림 8

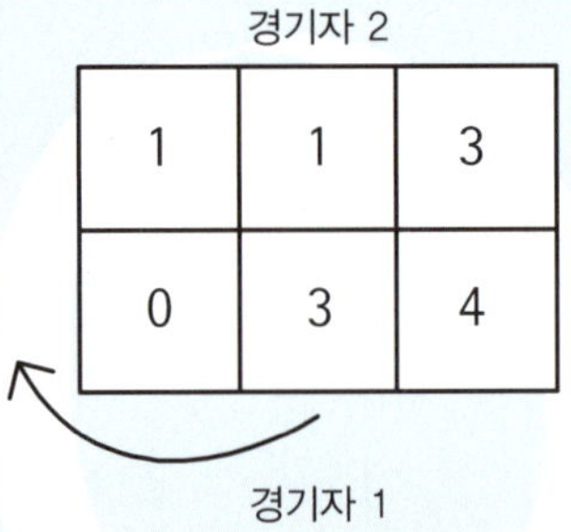

경기자 1이 말을 움직일 차례이다.

그림 9a

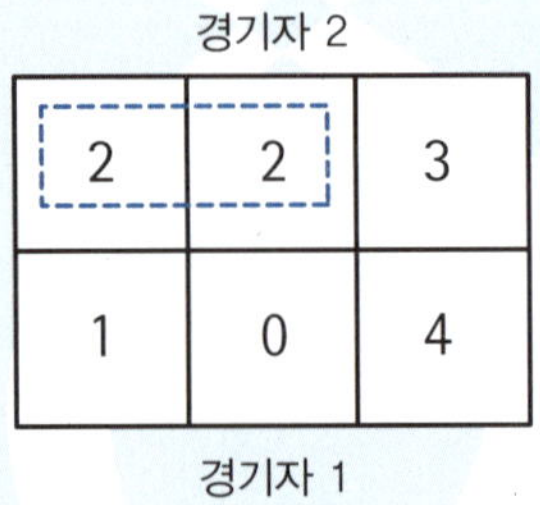

경기자 1이 말을 움직였다.

그림 9b

경기자 1이 4개의 말을 잡았다.

그림 9c

고한다. 그림 8
경기자의 오른쪽 정사각형에 있는 말은 오른쪽으로 돌아서 경기자 2의 쪽으로 돌아간다. 왼쪽 정사각형에 있는 말은 왼쪽으로 돌아서 경기자 2 쪽으로 돌아간다. 중앙에 있는 정사각형의 말은 양 방향 중 어느 방향으로도 가능하다.

3. 그러고 나서, 경기자 2는 자신의 정사각형들 중 임의의 정사각형에 있는 모든 말을 집어 든다. 경기자 2는 화살표로 보여 준 방향으로 각 정사각형에 하나의 말을 떨어뜨린다. 경기자들은 이런 식으로 교대로 놀이를 진행한다. 저장그릇에는 콩(말)을 심을 수 없다.
4. 잡히는 말들은 게임판의 상대방 편에서 생긴다. 말을 떨어뜨릴 때 마지막 말을 떨어뜨린 정사각형이 상대방의 정사각형 중의 한 정사각형이고 이 정사각형에 두 개의 말이 있으면, 이 경기자는 이들 두 말을 잡을 수 있고 이것들을 자신의 저장그릇에 넣는다. 그 후, 이전 정사각형을 살핀다. 만약 말을 잡은 정사각형의 바로 이전 정사각형에 또한 말이 두 개 있으면, 이 경기자는 이들도 잡을 수 있고 이것들을 자신의 저장그릇에 넣는다. 상대편 쪽에 있는 각 정사각형이 두 개의 말을 갖고 있으면 계속해서 말을 잡는다. 게임판이 그림 9a처럼 되어 있다고 가정해 보자. 경기자 1이 말을 옮길 차례이다. 경기자 1은 4개의 말을 잡고 이것들을 자신의 저장그릇에 넣을 수 있다. 그림 9b, 그림 9c
5. 이 게임은 자신의 정사각형에 말이 없을 때까지 계속된다. 상대편 경기자는 남아 있는 말들을 자신의 저장그릇에 담는다. 이 게임은 말을 많이 모은 사람이 승자가 된다.

생각해 보고 실행하기

좋은 말 옮김을 하는 방법을 알기 위해서 혼자서 이 게임을 연습해보라. 다른 방법으로 말을 옮기는 것을 연습해 보고 잡을 수 있는 말의 수를 알아보자.

규칙 바꾸기

수단의 어린이들은 이 게임을 각 정사각형에 3개의 말을 넣고 시작한다. 이들은 2개씩 잡는다.

수단의 소 게임

작은 염소 게임(35쪽)을 연습해본 후, 이보다 조금 더 복잡한 소 게임을 시도해 보기 바란다. 수단 사람들은 이 게임을 *Um el Bagara*라고 부른다. 또 다른 이름은 *Mangala*이다. 이 이름은 만카라와 비슷한데, 만카라는 아랍어로 "이동"을 의미한다. 여러 종류의 만카라 게임들이 대부분의 아프리카 국가들과 세계의 여러 지역에서 인기가 있다. 이 게임은 두 명이 하는 게임이다.

준비물

- 뚜껑이 없고 비어 있는(12개짜리 한 묶음) 달걀 상자
- 색 마커펜
- 2개의 작은 그릇이나 컵
- 한 종류로 50개의 말
  (콩, 단추, 자갈, 조개껍질 등)

게임판 만들기

이 게임을 위한 판은 한 쪽에 5개의 컵씩(여기서는 달걀 상자의 달걀 담는 곳) 모두 10개의 컵이 있다. 달걀 상자 맨 마지막에 있는 2개의 컵을 제거하거나 2개의 컵을 없는 것으로 간주한다. 아프리카 패턴과 색상으로 이 상자를 꾸미는 것도 좋다. 잡은 말(콩)을 담아 두는 저장그릇을 게임판의 양 끝에 하나씩 놓는다. 그림 10a

게임하기

1. 경기자들은 그들 사이에 게임판을 놓고 서로 마주보며 앉는다. 5개의 콩이나 다른 것을 각 컵 안에 넣는다. 게임판의 양쪽에 각각 5개씩 있는 컵들은 그것들과 가까이 앉은 경기자의 것이 된다. 각 경기자의 오른쪽에 있는 저장그릇이 그 경기자의 것이 된다.
2. 움직이기 위해, 경기자들은 교대로 놀이를 하고, 자신의 컵들 중 임의의 컵에 들어 있는 모든 말들을 집어 들고 이것들

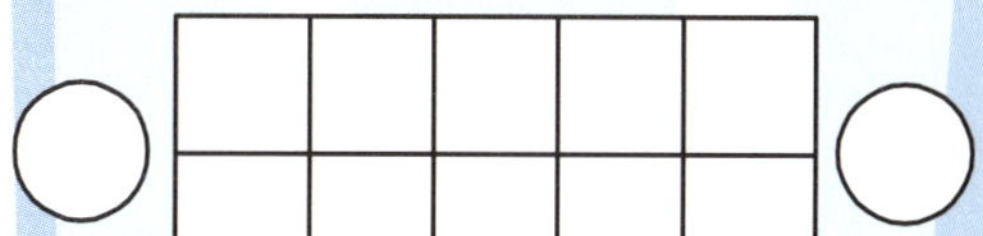

그림 10a

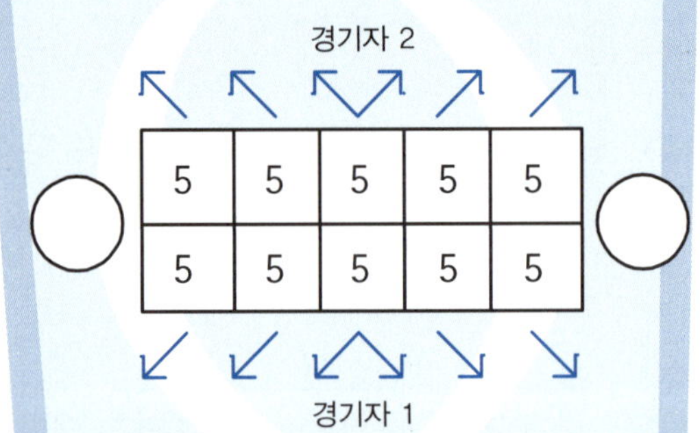

그림 10b

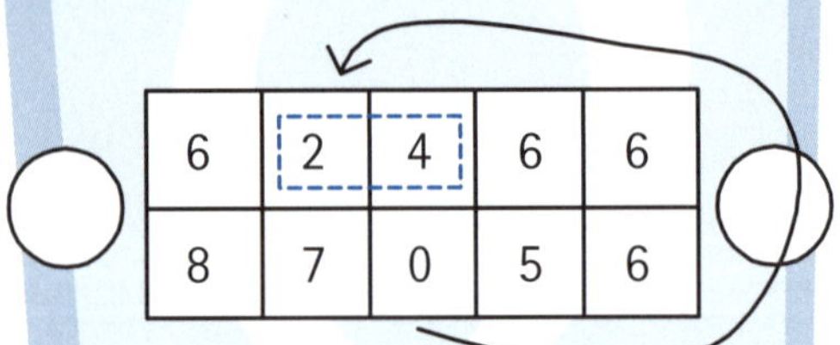

경기자 1이 6개의 말을 잡는다.

그림 11

을 집은 컵의 옆에 있는 컵에서부터 시작하며 한 컵에 하나씩 떨어뜨린다. 이것을 "씨앗 뿌리기"라고 부른다.

게임판에 있는 화살표를 주목하기 바란다. 이들 화살표들은 경기자의 차례에 경기자의 말을 옮기는 방향을 보여주고 있다. 경기자의 2개의 오른쪽 컵으로부터의 옮김은 오른쪽으로 가야 한다. 경기자의 왼쪽에 있는 2개의 컵으로부터의 옮김은 왼쪽으로 가야 한다. 중앙 컵으로부터의 옮김은 오른쪽과 왼쪽 두 방향 어디로든 갈 수 있다. 일부 말(콩)들은 게임판의 상대방의 컵에 떨어진다. 이때 내 저장그릇 및 상대방의 저장그릇에는 말을 놓지 않는다. 그림 10b

3. 만약 옮김 중 마지막 말이 상대편의 컵에 떨어져서 그 컵의 말이 2개 또는 4개가 되었다면, 경기자는 이 말들을 잡아서 자신의 저장그릇에 담는다. 만약 이 컵 바로 전에 있는 컵에도 말이 2개 또는 4개가 있으면, 그 말들도 잡을 수 있다. 이 두 번째 컵 바로 전에 있는 컵에도 말이 2개 또는 4개가 있으면, 경기자는 이들 말들도 잡는다. 그리고 또 그 이전에 있는 컵에 2개 또는 4개의 말이 있으면 이 말들을 잡아 자신의 저장그릇에 넣는다. 단, 말을 잡을 수 있는 컵들은 상대편에 있어야 한다. 그림 11은 경기자 1이 자신의 중앙 컵으로부터 6개의 말을 놓고 상대방의 컵들로부터 6개의 말을 잡는 것을 보여주고 있다. 말이 하나 뿐인 컵으로부터는 옮김을 시작할 수 없다. 그림 11

만약 경기자가 옮김을 할 수 없다면, 이 경기자는 자신의 차례를 쉬고 건너뛰어야 한다. 이런 쉼은 규칙에 맞는 옮김을 할 수 있을 때까지 계속된다.

4. 두 경기자가 모두 옮김을 할 수 없을 때, 게임은 끝난다. 각 경기자는 자신의 앞쪽에 있는 컵들에 있는 말들을 잡아 저장그릇에 담는다. 더 많은 수의 말을 잡은 경기자가 승리한다.

생각해 보고 실행하기

혼자 두 경기자의 역할을 해보자. 각 컵에 3개씩, 즉 모두 합해서 30개의 말을 가지고 시작해도 좋다. 각 옮김의 방향을 기억하는 것은 큰 도전일 것이다! 상대방의 말들을 잡을 수 있도록 옮김들을 계획해보기 바란다.

만카라 게임은 많은 버전이 있다. 몇몇 버전은 옮김이 오른쪽이나 왼쪽 중 한 방향으로만 갈 수 있다. 이 규칙들 중 일부를 수정하여 새로운 게임을 만들어 보자.

가나의 아디

가나는 서아프리카에 위치한 나라이다. 이미 14쪽에 소개한 가나의 아치 게임을 해 보았을 것이다. 가나 아이들은 여러 가지 서로 다른 종류의 만카라 게임(이동 게임)을 한다. 그 중 중부 가나의 아산테족이 놀이하는 오와레*Oware*가 미국에서 가장 인기 있는 버전이다. 남부 가나에서는 아디*Adi* 게임을 더 많이 한다. 두 게임 모두 두 줄이 있고 각 줄에 6개의 컵이 있는 판을 가지고 놀이를 한다. 게임을 시작할 때는, 12개의 컵 모두에 각각 4개씩의 말이 들어 있다. 그러나 각 게임의 규칙은 서로 다르다.

이 컵들을 "집"이라고 부른다. 아이들은 *Aditi* 나무에서 *Adi*씨를 모은 다음 각 집에 4개의 씨앗을 넣어둔다. 이 게임판의 양쪽 가장자리에는 "금고"라고 부르는 저장 컵이 있다. 이 게임의 목적은 상대방의 집을 모두 사들이는 것이다.

준비물

- 뚜껑 없는 빈 달걀 상자(12개짜리)
- 색 사인펜
- 작은 그릇 2개 혹은 컵 2개
- 같은 종류(콩, 단추, 자갈, 조개껍질 등)의 말 48개

게임판 만들기

게임판에는 양쪽에 6개씩 모두 12개의 컵이 있다. 달걀 상자는 게임판으로 완벽하다. 가나 혹은 다른 아프리카 국가에서 인기 있는 문양으로 게임판을 꾸며도 좋다. 게임판의 양쪽 끝에는 그릇이나 컵을 둔다. 이것은 획득한 말을 보관하는 금고로 사용된다. 그림 12

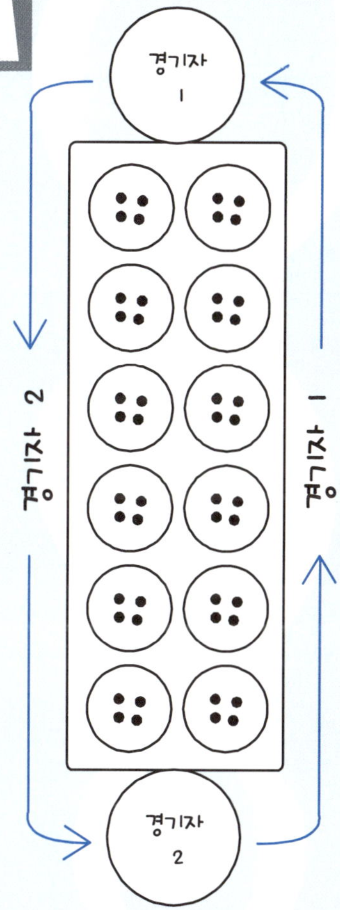

그림 12

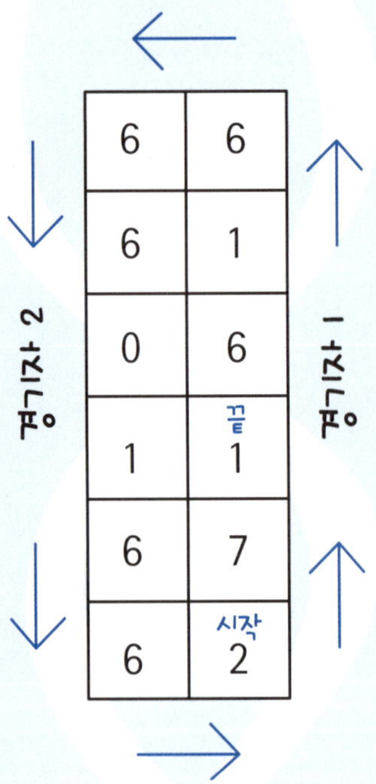

그림 13

게임하기

1. 경기자들은 게임판을 사이에 두고 서로 마주보고 앉는다. 그런 다음, 각자의 컵에 네 개의 씨앗을 넣는다. 각 경기자의 가까이에 있는 6개의 집이 각 경기자의 집이 된다. 경기자의 오른쪽에 있는 금고가 자신의 금고가 된다.
2. 옮기기 위해서, 경기자 1은 게임판의 자신의 편에 있는 임의의 집으로부터 4개의 씨앗을 집어 들고 씨앗을 집어 든 집은 빈 집으로 남겨 두고 그 오른쪽에 있는 집들에 하나씩 씨앗을 떨어뜨린다. 일부 씨앗은 상대방의 집에 들어 갈 수 있다. 씨앗들을 금고에는 떨어뜨리지 않는다.
3. 이 게임은 순환된다. 만약에 마지막 씨앗이 이미 다른 씨앗들이 있는 집에 떨어진다면, 경기자는 그 집에 있는 모든 씨앗들을 집어 들고 게임을 계속한다. 마지막 씨앗이 빈 집에 떨어지면, 경기자의 옮김은 끝이 난다. 그러나 나서, 경기자 2가 자신의 편에 있는 임의의 집에 있는 모든 말을 집어 들고 같은 것을 한다. 한 번의 옮김이 여러 차례에 걸쳐서 발생할 수 있다. 경기자 1이 자신의 편에 있는 첫 번째 집에서 시작하였다고 가정해 보자. 그림 13은 이 옮김이 끝났을 때의 모습이다. 경기자 1은 2번 이상 전체 게임판을 돌았고 자신의 마지막 씨앗을 자신의 편에 있는 세 번째 집에 떨어뜨렸다. 이 옮김을 실행해 보고 게임판이 이 그림과 같은지 확인해 보기 바란다.
그림 13
4. 만약에 한 경기자가 마지막 씨앗을 떨어뜨렸을 때 그 집에 4개의 씨앗이 있으면, 이 경기자는 이 4개의 씨앗을 잡을 수 있다. 이 집이 경기자 또는 상대방 쪽에 있는 것이건 상관없이 씨앗들을 잡을 수 있다. 경기자들은 상대방의 옮김에서라도 자신의 쪽에 있는 집에 4개의 씨앗이 생기면, 이 집들에 있는 씨앗들을 잡을 수 있다. 이때, 경기자들이 주의해야 할 것은 경기자가 다섯 번째 씨앗을 이미 4개의 씨앗이 있는 집에 떨어뜨리기 전에 이 4개의 씨앗을 잡아야 한다는 점이다. 잡은 씨앗은 자신의 금고에 넣는다.
만약 한 경기자가 자신의 차례에 자신의 쪽에 있는 집들에 씨앗이 없으면, 이 경기자는 자신의 순서를 넘겨야 한다.
5. 게임판 위에 8개의 씨앗이 남아 있을 때, 다음 4개를 잡은 경기자가 나머지 4개의 씨앗도 잡는다. 이렇게 해서 이 게임의

첫판이 끝난다.

6. 첫판의 승자는 자신의 편에 있는 각 집에 씨앗을 4개씩 넣고도 남을 만큼 많은 씨앗을 자신의 금고에 갖고 있는 경기자이다. 이 경기자는 남은 씨앗으로 상대방의 임의의 빈 집을 채워서 자신의 집으로 구입할 수 있다.
7. 경기자들은 다음 판을 시작한다. 경기자 1이 자신의 편에 6개의 집 그리고 상대방의 편에 2개의 집을 구입해서 모두 8개의 집을 가지고 있다고 가정하자. 이 두 번째 판에서, 경기자 1은 8개의 집을 모두 소유하고 이 집들을 32개의 씨앗으로 채운다. 경기자 2는 아마도 4개의 집을 가지게 될 것이다. 규칙은 첫 번째 판과 똑같다.

   이 게임의 목적은 상대방의 모든 집을 구입하고 전체 게임판을 소유하는 데 있다.

생각해보고 실행하기

1. 이 게임을 배울 때, 각 집에 3개의 씨앗을 넣어서 이 게임을 할 수 있다는 생각을 할 것이다. 이런 생각처럼 다른 규칙들을 어떻게 바꿀 수 있을까? 3개의 씨앗을 잡는 것으로 규칙을 바꾸어야 할 것이다.
2. 이 게임을 단순하게 하는 또 다른 방법은 각 줄에 4개의 집을 갖고 있는 게임판을 사용하는 것이다.
3. 이 게임을 해결할 수 있는 방법을 알아보기 위해서 혼자 두 경기자의 역할을 해보자.

3

사람들이 수를 이용하는 방법

이 장에 소개되어 있는 활동들은 고대에서 현대 사회에 이르기까지 많은 사회에서 사람들이 수를 사용한 방법을 이야기해 준다.

우리가 처음에 소개하는 활동은 주판이다. 누구나 주판을 보았거나 사용해 보았을 것이다. 어린 아이들은 주판을 장난감처럼 가지고 논다. 하지만 주판은 수백 년 동안 계산을 하는 데 활용되어 왔다. 이 장을 통해 러시아 주판 그리고 중국 주판을 만드는 방법을 배우게 될 것이다. 러시아 주판과 중국 주판은 서로 같지 않다.

모든 형태의 사회에 속한 사람들은 시간을 기록할 수 있는 방법을 필요로 한다. 물론 우리는 12개월 달력에 매우 익숙하다. 달의 주기를 토대로 하는 여러 종류의 달력들, 태양 주위를 도는 지구의 공전에 따라 결정되는 여러 종류의 달력들과 같은 다른 형태의 달력들이 있었다. 이 장을 통해 중국 12간지에 대하여 읽게 될 것이고 쥐띠가 무엇을 뜻하는지 배우게 될 것이다.

우리는 돈으로 동전과 지폐를 사용한다. 다른 사회에서는 조개껍질, 구슬, 카카오 씨가 돈으로 사용되었다. 잔돈을 만들기 위해 은화 하나를 8개 조각으로 쪼개는 것을 상상해보라!

이 장은 절약하는 여러 가지 방법들로 끝맺는다. 캔을 절약하는 방법, 에너지를 절약하는 방법, 그리고 심지어 아이들의 생명을 구하는 방법까지도 배울 수 있다!

러시아 주판

그림 1처럼 보이는 장난감을 가지고 노는 어린 아이들을 본 적이 있을 것이다. 이 장난감은 직사각형 안에 틀을 가지고 있는데, 몇 개의 줄이 있으며 각 줄에는 여러 개의 구슬들이 끼워져 있다. 아이들은 그 구슬들을 앞뒤로 움직이면서 구슬들끼리 맞부딪혀 나는 딸깍 소리를 매우 좋아한다. 이 장난감을 "주판"이라고 부른다. 그러나 이 주판은 장난감 이상의 것이다.

몇 년 전 러시아에 방문했을 때, 나는 많은 계산기와 컴퓨터를 보았다. 사람들이 주판으로 계산을 하는 것을 보고 놀랐다. 러시아 사람들은 이것을 "섹티*scety*"라고 부르고 이것을 계산대로 사용한다. 많은 러시아 가게에서 섹티는 금전등록기 옆에 놓여있다. 그림 2

나폴레옹이 1812년에 러시아를 침략했을 때, 프랑스 군대와 함께 여행 중이던 어느 수학자는 러시아 사람들이 이런 형태의 주판을 사용하는 것을 보았다. 그는 이 주판이 산술을 가르치는 매우 훌륭한 방법이 될 것이라고 생각했다. 마침내 그가 프랑스로 돌아갈 때 섹티를 가져갔으며, 프랑스 전역에서 대중화되었다. 프랑스 뿐만 아니라 다른 유럽 국가들과 미국까지도 확산되었다.

수 427.50을 보여주는 섹티가 있다. 그것은 텔레비전이나 냉장고의 가격일지도 모른다. 그 수를 읽어 보기 바란다. 아래에 몇 가지 힌트가 있다. 그림 3

- 각 줄에 있는 구슬의 수를 센다. 검은 색은 몇 개인가? 밝은 색은 몇 개인가?
- 각 줄의 왼쪽에 있는 구슬의 수를 센다. 각 줄에 대해 왼쪽에 있는 수를 적는다.
- 소수점은 어떻게 나타내고 있는가? 0은 어떻게 나타나 있는가?
- 이제 이 주판에서 수 427.50을 읽을 수 있는가?

이 주판을 제작할 수 있는데, 필요한 재료를 아래에 소개해 두었다.

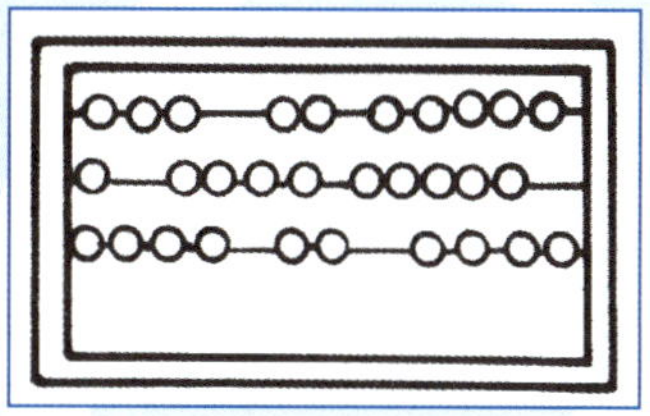

단순한 주판
그림 1

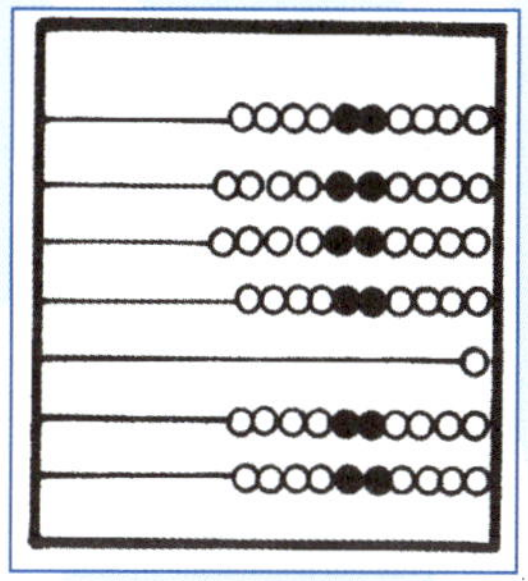

러시아 주판
그림 2

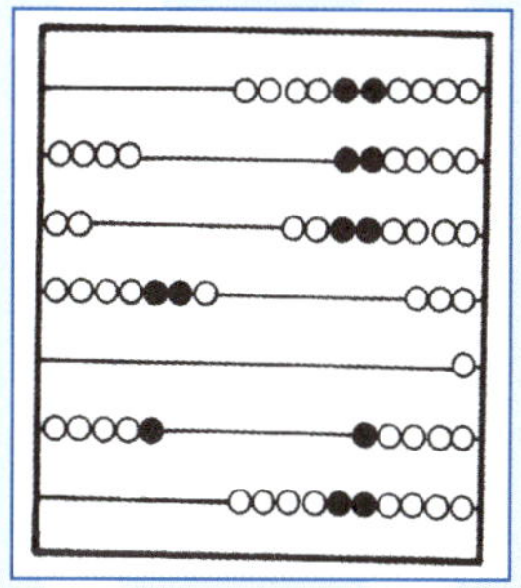

427.50을 보이는 secty
그림 3

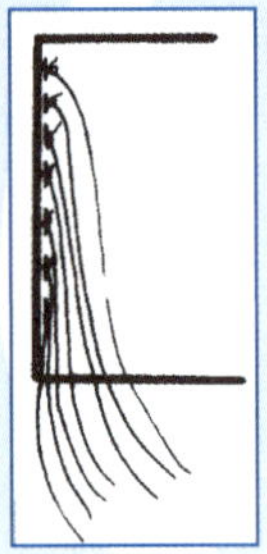

그림 4a

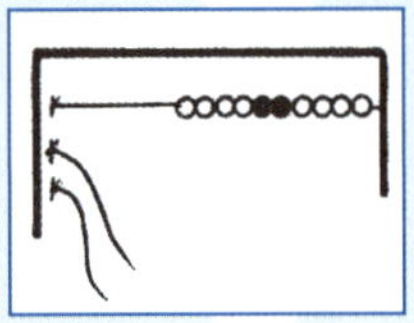

구슬 10개를 끼우고 끝을 고정한다.
그림 4b

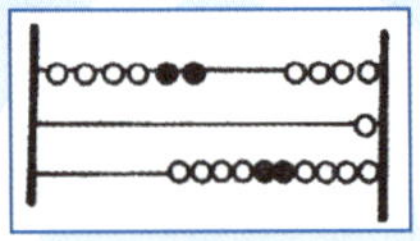

6을 나타내는 주판
그림 5a

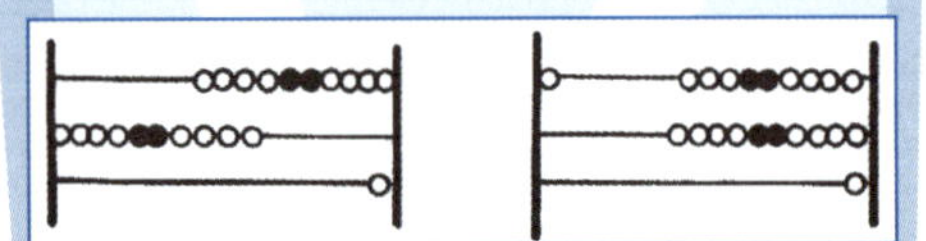

6 + 4 (2가지 방법)
그림 5b

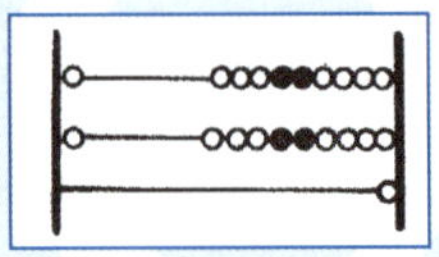

6 + 5
그림 5c

준비물

- 약 가로21cm × 세로27cm 크기의 두꺼운 직사각형 판지
- 7개의 줄을 만들고, 각 줄의 끝을 고정시킬 수 있을 만큼 두꺼운 줄(약 2m 10cm 정도)
- 스테이플러 • 가위 • 자
- 흰색 구슬 49개, 검은색 구슬 12개(마카로니 조각들을 이용할 수도 있는데 그 중 12조각은 펜이나 매직으로 칠해서 사용한다) 각 줄에서 10개의 구슬 또는 마카로니 조각들을 움직일 수 있는 충분한 공간을 만들어야 한다.

러시아 주판 만들기

1. 준비한 줄을 길이가 같게 해서 7줄로 자른다. 이때 각 줄이 판지보다 조금 길게 한다.
2. 스테이플러로 각 줄의 한 쪽 끝을 판지에 고정시킨다. 이 줄을 스테이플에 매듭지어 묶는다. 그림 4a
3. 맨 위쪽 줄부터 시작한다. 밝은 색 구슬 4개, 검은 색 구슬 2개를 차례로 끼우고, 밝은 색 구슬 4개를 더 끼운다. 판지에 이 줄의 끝을 스테이플러로 고정시킨다. 이 줄을 스테이플에 매듭지어 묶는다. 그림 4b
4. 소수점 줄을 제외한 각 줄에 대해 3단계와 같은 방법으로 작업한다. 소수점 줄은 밝은 색 구슬 1개만을 끼운다. 그림 2 참고

섹티는 그림 2의 주판과 같은가?

생각해 보고 실행하기

1. 만든 주판에 몇 가지 다른 수를 표현해 보자.
2. 섹티를 이용하여 아이에게 덧셈을 가르칠 수 있는 방법을 생각해 보기 바란다. 작은 두 수를 가지고 시작한다. 예를 들어, 6+2, 6+4(두 가지 방법), 6+5. 각 줄에 있는 10개의 구슬이 모두 왼쪽으로 옮겨졌을 때 어떻게 해야 할까? 10개의 구슬을 바로 윗줄에 있는 1개의 구슬과 교환한다. 그 때 아래 줄에 있는 10개의 구슬을 시작 지점으로 되돌려 놓고 계속한다. 그림 5a, 그림 5b, 그림 5c
3. 이 주판을 이용해서 아이에게 뺄셈을 가르칠 수 있는 방법을 생각해 보자. 생각한 방법대로 시도해보자.
4. 이 주판이 아이들이 산술을 배우는 데 어떻게 도움을 줄 수 있을까? 불편한 점은 무엇인가?
5. 자신이 러시아 가게의 점원이라고 가정해 보자. 이 주판을 이용해서 달러와 센트를 포함하고 있는 큰 수의 덧셈과 뺄셈을 해본다.

중국의 주판

계산대*counting board*는 수천 년 동안 사용되어 왔다. 옛날 사람들은 일의 자리 수, 십의 자리 수, 백의 자리 수, 그 이상의 자리 수들을 표현하기 위해서 한 계산대 위에 여러 열로 나뭇가지나 조약돌들을 놓았다. 영어의 *calculate*는 조약돌을 뜻하는 라틴어 *calculus*가 그 어원이다. 2000년 전 라틴어를 사용하던 로마인들은 계산대 위에서 조약돌로 계산을 하고 있었다. 어떤 시점에서, 한 영리한 사람이 노끈이나 철사에 구슬을 꿰어 그것들을 나무틀에 고정시키는 것을 생각했다. 그것이 주판이 탄생하게 된 배경이다.

중국인들이 사용한 주판은 "수판"이라고 하는데 이 수판의 연대는 약 8세기경까지 거슬러 올라간다. 수판(數板)은 계산대를 의미한다. 중국의 가게나 레스토랑에서 그런 수판을 본 적이 있을 것이다. 수판은 카운터 또는 탁자 위에 편평하게 놓여 있다. 그림 6

각 줄에는 7개의 구슬이 있다. 5개는 가로대 아래쪽에 있고, 2개는 위쪽에 있다.

가로대 위에 있는 각 구슬은 줄의 아랫부분에 있는 5개의 구슬과 같은 가치를 갖는다. 한 손을 표현하는 5개의 손가락을 생각해 보기 바란다. 10개의 손가락은 2개의 손과 같다. 위에 있는 2개의 구슬은 아래에 있는 구슬 10개를 표현한다.

그림 7에 있는 수판은 수 60,347을 보여준다. 이 수판이 60,347을 나타내고 있다는 것을 알 수 있는가? 이것은 우리의 수 체계처럼 자릿값, 즉 일의 자리, 십의 자리, 백의 자리, 그리고 그 이상의 자릿값을 가지고 있다. 어떤 하나의 수를 나타내기 위해서, 구슬들을 가로대 쪽으로 붙인다. 그림 7

5줄 수판을 만들 수 있을 것이다.

준비물

- 러시아 주판과 같은 재료를 사용한다. (43쪽 참고) 하지만, 아래처럼 다른 점이 있다.
- 약 1.25m(125cm) 길이의 끈
- 구슬 35개
- 접착테이프(선택 사항)

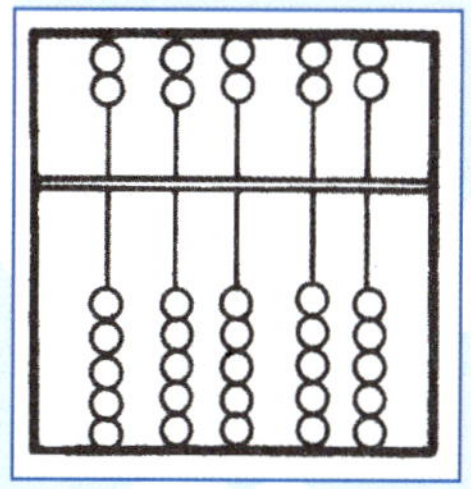

중국 주판
그림 6

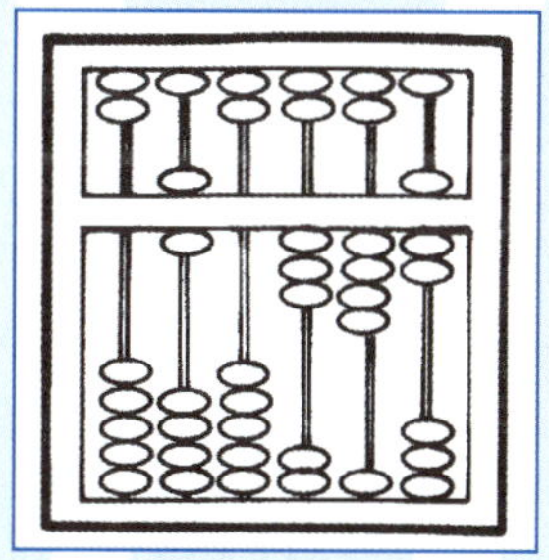

60,347을 나타내는 수판
그림 7

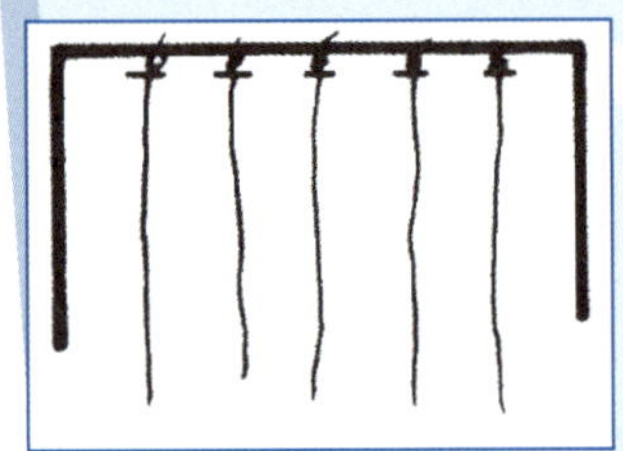

판지와 5개의 줄
그림 8a

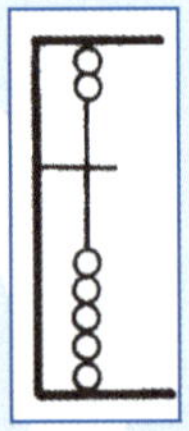

위에 구슬 2개,
아래 구슬 5개
그림 8b

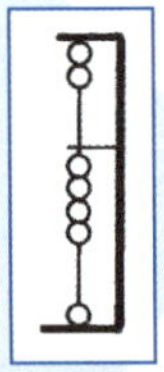

판지와 5개의 줄
그림 8a

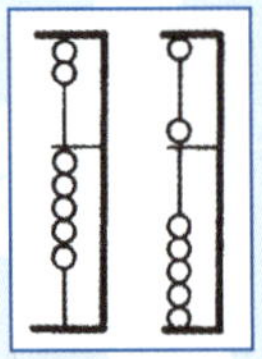

위에 구슬 2개,
아래 구슬 5개
그림 8b

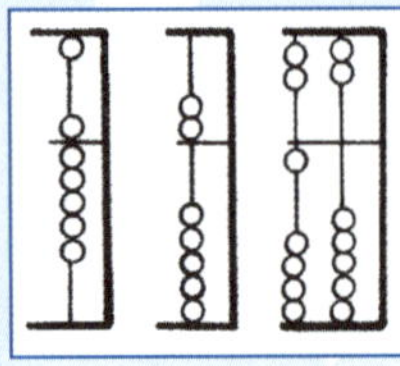

4 + 6(3가지 방법)
그림 9c

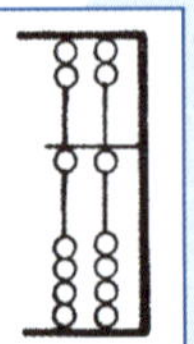

4 + 7
그림 9d

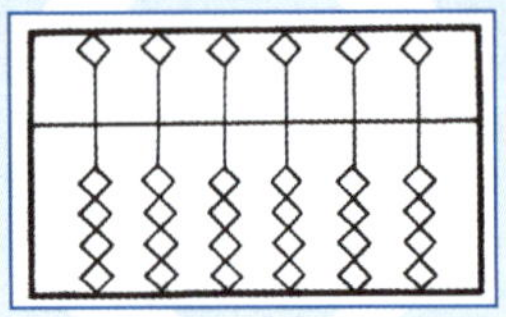

일본 소로반
그림 10

중국 주판 만들기

1. 준비한 끈을 길이가 같게 5조각으로 자른다. 이때, 준비한 판지의 길이보다 약간 더 길게 한다.
2. 판지에 각 줄의 끝을 스테이플러로 고정시키고, 고정한 곳에 매듭을 묶는다. 그림 8a
3. 첫 번째 줄부터 시작한다. 줄에 2개의 구슬을 끼고 구슬이 움직일 수 있도록 줄을 스테이플러나 테이프로 고정시킨다. 스테이플러 침이나 테이프가 가로대의 역할을 한다.
4. 그 줄에 5개의 구슬을 끼운다. 판지에 그 줄의 끝을 스테이플러로 고정시키고, 그 것을 매듭으로 묶는다. 그림 8b
5. 남은 구슬과 줄을 가지고 3단계와 4단계의 방법대로 한다.
   자신이 직접 만든 수판이 그림 6에 있는 주판과 비슷한가?

생각해보고 실행하기

1. 자신의 수판 위에 몇 개의 큰 수를 보여보라.
2. 이 수판 위에서 작은 수들로 덧셈을 연습해보자. 다음 예들을 시도해보라.
   4로 시작한다. 그러고 나서 4 + 1(두 가지 방법), 4 + 2, 4 + 6(세 가지 방법), 4 + 7을 보인다. 그림 9a, 그림 9b, 그림 9c, 그림 9d
3. 러시아 주판과 중국 주판을 비교해보자. 어떤 것이 배우기 더 쉬운가? 어떤 것이 계산하기 더 빠른가? 어떤 것이 읽기에 더 쉬운가?
4. 일본인들은 4백 년 전 또는 5백 년 전에 중국 수판을 받아들였다. 그러고 나서, 일본인들은 몇 가지를 변형하였다. 가로대 위에 두 개의 구슬을 놓는 대신에, 일본인들은 단 하나의 구슬만을 놓았다. 가로대 위에 있는 이 구슬은 가로대 아래에 있는 구슬 5개를 뜻한다. 훗날, 몇몇의 일본인들은 가로대 아래에 단지 4개의 구슬을 놓은 주판을 사용하기 시작하였다. 그 당시의 일본인들은 자신들의 주판을 "소로반*soroban*"이라고 불렀다. 그림 10
   소로반으로 계산을 하는 것이 더 느릴 것이라고 생각할 수도 있다. 일본 아이들은 매우 어릴 때부터 소로반을 사용하기 시작한다. 이들은 머릿속으로 계산하는 방법을 많이 배운다. 이 소로반은 어떤 형식의 계산에서는 계산기마저도 이길 수 있다.
   우리는 직접 소로반을 만들 수 있다!

북아메리카 이로쿼이족의 달력

자신의 생일이 몇 주 안으로 다가온다고 가정해보자. 그 주의 어느 요일이 생일인지 알고 싶을 것이다. 그것을 알아내기 위한 한 가지 방법은 바로 달력을 보는 것이다. 대개 달력은 1년을 주기로 만들어졌다. 달력은 각 페이지마다 한 달씩 나누어져 있다. 각 달은 7일을 주기로 나누어진다. 사람들이 이렇게 시간을 나눈 방법과 그것이 중요한 까닭은 무엇일까?

먼저, 1년에 대하여 생각해보자. 농부들은 곡식이 알맞게 익게 하기 위해 (곡식의) 씨앗을 제 때에 맞게 심어야만 한다. 1년 중 언제쯤이면 비가 내릴까? 매우 덥거나 매우 추운 때는 언제일까? 고대 이집트의 성직자들은 천랑성(*Sirius*: 큰개자리The Dog Star라고 불리기도 한다.)을 관찰하면서 자신들이 관찰한 것을 그 해의 나일강의 범람과 관련지었다. 이들은 1년이 365일보다 조금 더 길다는 것을 계산해 냈다.

다른 사람들은 달을 관찰하여 시간의 흐름을 계산했다. 몇 년 전, 과학자들은 콩고민주공화국에 있는 이샹고Ishango라는 마을 근처에서 고대시대의 뼈를 발견했다.

이 뼈에는 일정한 패턴으로 새김 표시들이 되어 있었다. 한 과학자가 현미경으로 그 표시들을 자세히 관찰하고 난 후, 이 새김 표시들은 달의 주기를 바탕으로 6달 달력의 날들을 표시하는 것이라고 결론지었다. 이 뼈는 25,000년이나 된 뼈였다! 사람들이 매우 오래전부터 시간을 기록해왔다는 것을 상상해 보라!

이로쿼이족Iroquois은 뉴욕주의 북쪽과 캐나다 인근지역에서 산다. 그들은 스스로를 *Haudenosaunee*라 불렀으며, 이 이름은 "긴 집에 사는 사람들"이란 뜻을 지니고 있다. 프랑스인들이 이 종족에게 이로쿼이라는 이름을 붙여주었다. 오래전, 그들은 달, 해, 그리고 아마도 몇몇 별들을 관찰하여 달력을 만들었다. 이들의 1년은 13달moon을 가지고 있다. 각 달, 즉 월은 28일이 있다.

이로쿼이족은 각 달에 이름을 붙였다. 첫

Nis-ko-wok-neh-
First moon
그림 11a

Wen-taa-kwo-
fifth moon
그림 11a

Ke-to-ok-nef Ninth moon
그림 11c

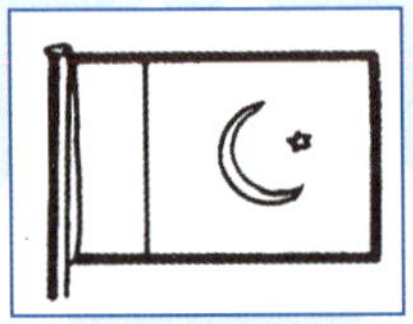

파키스탄 국기
그림 11d

번째 달의 이름은 *Nis-ko-wok-neh*으로 눈과 눈보라의 달, 다섯 번째 달은 *Wen-taa-kwo*로 꽃의 달, 아홉 번째 달은 *Ke-to-ok-neh*으로 수확의 달이다. 그림 11a, 그림 11b, 그림 11c

여전히 사람들은 기독교 달력에 있는 부활절이나 유대력에 있는 유월절(이집트 탈출을 기념하는 유대인의 축제) 같은 몇몇의 공휴일 날짜를 정할 때 달을 이용한다. 12세기에, 유대인 학자 *Moses Maimonides*는 『새로운 달의 계산에 대하여***On The Computation of the New Moon***』라는 책을 편찬했다. 유대인들은 새로운 달의 등장과 함께 새 달을 사용하기 시작했다. 그것으로 한 달이 29일 또는 30일인지를 정했고, 휴일 또한 정할 수 있었다.

이슬람 달력은 전적으로 달의 주기만을 가지고 만들어졌다. 그것은 새로운 달을 시작으로 다음 달까지를 세어 29.5일씩 12개월로 되어있다. 실제로 이슬람 달력은 29일과 30일을 교대로 하는 달들로 되어 있다.

생각해 보기

1. 이로쿼이족의 1년은 며칠인가? 이슬람의 1년은 며칠인가? 어느 것이 더 길며 며칠이나 더 많은가? 우리가 사용하는 달력의 1년과 비교해 보라.
2. 이로쿼이족의 달 이름이었을지도 모르는 미국의 달 이름을 생각해 보라.
3. 우리는 시간을 여러 단위로 분리한다. 세기, 년, 월, 주, 일, 시간, 분과 같은 시간 단위들을 생각해 보라. 어떤 것들이 자연 현상에 의해 발생한 것일까? 또 어떤 것들은 인간이 만들어낸 것일까?
4. 이슬람 국가인 파키스탄의 국기를 찾아 본다. 우리는 이 국기에서 초승달 즉 신월(新月)을 볼 수 있다. 이 신월이 왜 중요한 것일까? 그림 11d

실행하기

1. 이로쿼이족 사람들은 스스로를 긴 집에 사는 사람들이라고 불렀다. 그 이유가 무엇인지 조사를 해보자. 이로쿼이족의 긴 집 사진은 84쪽에 있으니 참고하기 바란다.
2. 아베나키족(*Abenaki*: 캐나다·미국 동부에 사는 북미 원주민) 출신의 작가 *Josepf Bruchac*와 시인 *Jonathan London*이 저술한 『거북이 등 위의 열 세달***Thirteen Moons on Turtie's Back***』이라는 책을 읽어 보라. (156쪽에 있는 참고문헌 참고)
3. 1년의 각 달을 나타내는 목록을 만든다. 날씨 또는 중요한 활동으로 그 달의 이름을 붙인다. 각 달에 발생하는 것을 보여 줄 수 있는 그림들을 그린다.

멕시코와 중앙아메리카의 마야인의 달력

마야인은 수천 년 동안 멕시코 남부와 중앙아메리카 북부 지방에서 살았다. 마야인은 대단한 천문학자들이었다. 그들은 2000년도 훨씬 전에 달력을 고안해냈다. 매일 사용하기 위해서, 그들은 365일 달력을 만들었다. 이 달력은 각 달에 20일씩 있는 18개월과 5일로 이루어져 있다. 그들은 또한 국경일과 종교 의식들을 기록하기 위한 종교 달력도 가지고 있었다. 이 달력은 20일씩 13개월로 이루어져 있다.

마야인은 석조 기념물을 세웠는데, 우리는 이것으로부터 그들의 왕과 중요 사건들에 대해 알 수 있다. 그들은 또한 태양, 달, 여러 행성들 특히 금성에 대해 다루는 책들을 썼다. 16세기에 마야를 정복한 스페인 정복자들은 마야인이 쓴 대부분의 책들을 "악마의 작품"이라고 여기고 소멸하였다. 이들 작품들은 많은 날짜와 관련된 정보들을 포함하고 있었다. 때때로, 구체적인 머리 그림은 그 달의 특정한 날을 가리켰다. 그림 12a, 그림 12b, 그림 12c

마야인은 그들의 저작물과 석조 기념물들에 일정 기간을 보여주는 흥미로운 방법을 갖고 있다. 이런 목적을 위해, 그들은 1년을 360일(20일씩 18개월)로 정했다. 그림 13에 있는 수는 5년, 13개월, 9일이다. 그림 13

이것은 수를 기록하는 낯선 방법이다. 이것을 읽기 위한 암호가 있다.

각 점은 1 단위를 의미한다. 각 줄 모양은 5 단위를 의미한다. 그 줄과 점의 위치는 수를 읽는데 있어서 중요한 역할을 한다.

- 가장 아래쪽은 일(日) 수를 나타낸다. $5+4=9$일.
- 그 다음 위치는 달수를 말한다. $2\times5+3=13$개월 즉 $13\times20=260$일.
- 가장 위쪽은 연수를 말한다. 5년, 즉 $5\times360=1{,}800$일
- 전체 일수는 $1{,}800+260+9=2{,}069$일이다.

2일을 나타내는 기호
그림 12a

15일을 나타내는 기호
그림 9a

5년 13개월 9일을 나타내는 기호
그림 12a

그림 13

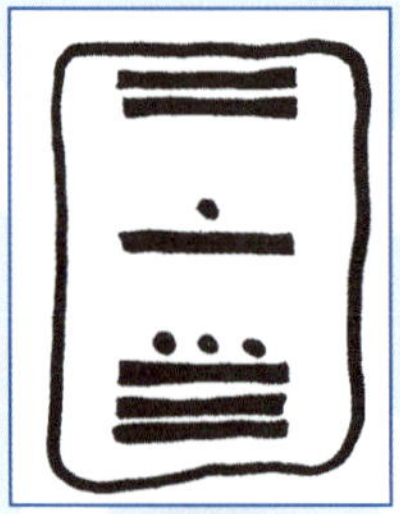

그림 14a

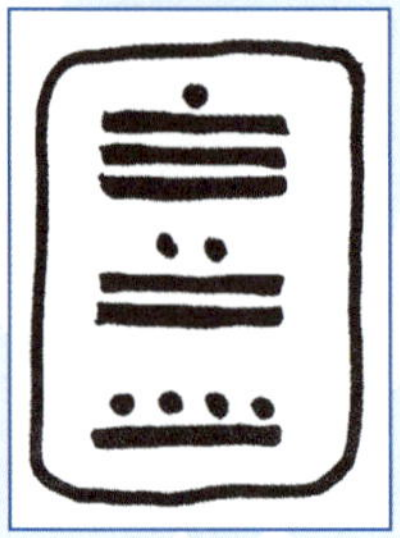

그림 14b

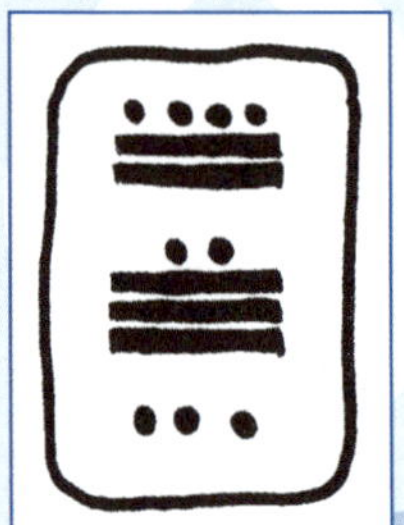

그림 14b

마야인은 왜 수를 기록하기 위해 줄과 점을 사용했을까? 아마도 그 생각은 시장에서 비롯된 것 같다. 사람들은 (나무의) 잔가지와 조약돌을 내려놓으면서 가격과 돈을 계산했다. 나뭇가지 하나는 조약돌 5개와 같았다. 문자화하면서, 잔가지는 줄로, 조약돌은 점으로 표현되었다.

마야인은 아래 표에서 볼 수 있는 것처럼 다양한 시간 단위들에 대한 이름을 가지고 있었다.

마야인들의 시간 단위

baktun	20×7,200 = 144,000
katun	20×360 = 7,200
tun	18×20 = 360
uinal	20×1 = 20
kin	1 = 1

그들의 달력 돌*calendar stones*들 중 일부는 현재의 달력으로 기원전 3114년 8월 13일을 표현하고 있다. 이것은 5,000년도 훨씬 이전의 날이다!

생각해보고 실행하기

1. 그림 14는 세 개의 달력 돌을 나타내고 있다. 각 달력 돌의 일수를 계산해보자. 이것을 우리의 연, 달, 일로 바꾸어 표현해보자. 윤년은 어떻게 처리할 것인가?
2. 한 친구에게 마야의 시간 표기 체계를 가르쳐 준다. 그러고 나서, 몇 가지 달력 수를 적고 이 친구에게 이것을 계산하도록 한다.
3. 2 *katuns*, 10 *tuns*, 6 *uinals*, 12 *kins* 라고 적혀 있는 달력 돌의 일수를 계산해 보자. 그리고 이 달력 돌을 그려보자.
4. 사람들은 보통 열 손가락과 같은 몸의 일부를 사용하여 세기 시작했다. 이것이 수 10이 많은 수 체계에서 중요한 이유이다. 수 20이 마야인의 수 체계에서 중요한 이유가 무엇이라고 생각하는가?

153쪽에서 몇 가지 답을 확인할 수 있다.

중국의 12간지

수천 년 전 중국인들은 달의 주기를 바탕으로 한 태음력을 발명했다. 이 달력은 여전히 설날과 다른 축제의 날짜를 정하는 데에 활용되고 있다. 태양력을 사용하는 현재의 달력으로는 설날은 1월 말이나 2월 초에 있다. 중국인들이 설날을 기념하기 위해 벌이는 다채로운 퍼레이드와 장식차량들을 본 적 있을 것이다.

또한 중국 식당에서 12개의 동물 그림이 그려져 있는 접시받침을 본 적이 있을 것이다. 중국 달력은 12년을 1주기로 하고 그 주기가 계속적으로 반복하는 시간의 주기 개념을 토대로 한다. 각 해는 쥐, 소, 호랑이, 토끼, 용, 뱀, 말, 양, 원숭이, 수탉, 개, 돼지의 순서로 하나의 동물과 연관되어 있다. 각 동물은 그 해에 태어난 사람의 성격의 일면 및 인생에서의 업적과 관련 있는 것으로 여겨지고 있다.

왜 쥐가 첫 번째로 왔을까? 설화에 따르면, 12 동물들은 누가 지도자가 될 것인가에 대해 서로 싸웠다. 그들은 모두 헤엄쳐서 강을 건너 첫 번째로 강가에 도착한 동물이 지도자가 되기로 결정했다. 영리한 쥐는 소의 등에 올라탔다. 소가 물가에 도착하려는 바로 그 때, 쥐가 뛰어 내렸다. 그것이 주기에서 쥐가 가장 첫째에 있는 이유이다. 돼지는 게을러서 마지막에 위치했다.

중국 12간지 문양이 있는 매트를 만들 수 있다.

준비물

- 컴퍼스(컴퍼스가 없다면, 연필심에 끈을 묶어서 사용하면 된다.)
- 최소한 20cm×20cm 크기의 흰 종이 한 장
- 흰 종이보다 큰 (공작용) 색판지 한 장
- 자
- 연필
- 여러 가지 색의 크레용 또는 마커펜
- 풀

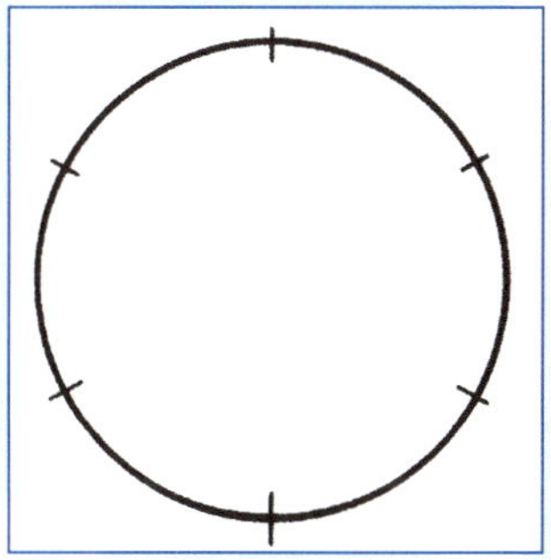

그림 15a

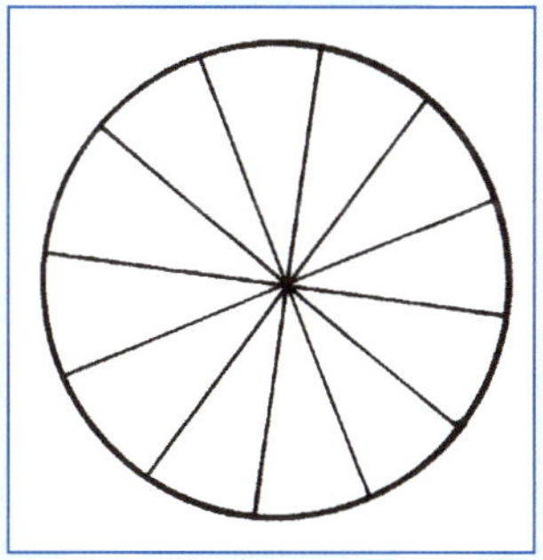

그림 15a

그림 15c

중국 12간지 매트 만들기

1. 흰 종이에 큰 원을 하나 그린다.
2. 같은 반지름을 사용해서 원 위에 6개의 호를 표시한다. 그림 15a
3. 호들을 연결하는 지름(원의 중심을 지나는 선)을 그린다.
4. 먼저 표시한 점들의 중간쯤에 6개의 점을 더 표시하고 그들을 연결하는 지름을 그린다. 그림 15b
5. 각 부채꼴에 맞는 동물을 그리고 색칠한다. 그림 15c
6. 이 종이를 색판지의 중심에 붙인다.
7. 색판지의 테두리를 꾸민다.

생각해보고 실행하기

1. 원숭이의 해는 1968년, 1980년, 1992년, 2004년이다. 닭의 해는 1969년, 1981년, 1993년, 2005년이다. 1960년 쥐부터 시작하여 각 동물의 해의 목록을 만들어보자.
2. 친구들에게 태어난 해가 몇 년인지 질문한다. 같은 해에 태어난 친구들은 유사한 성격을 가지고 있는가?
3. 닭의 해에 태어난 친구가 있다고 가정하자. 친구의 나이는 얼마인가? 중국은 음력을 사용한다는 것을 기억하기 바란다.
4. 수천 년 전 중동과 이집트 사람들은 하늘을 쳐다보고 별과 행성들을 관찰하였다. 그들은 이것들이 염소, 양, 물고기와 같은 어떤 모양들을 구성한다고 믿었다. 이들은 각 달마다 하나씩 총 12개의 모양을 찾았다. 그들은 하늘을 12부분으로 나누고, 각 부분에 이름을 부여하였다. 오늘날, 이 12개 별자리 이름들은 라틴 이름으로 알려져 있다. 나는 염소자리의 달에 태어났다. 12간지에 대해 더 많은 정보를 찾아보기 바란다. 12궁도가 사람들의 삶에 영향을 미친다고 생각하는가? 그렇게 생각하는 이유는 무엇인가? 그렇게 생각하지 않는다면 그 이유는 무엇인가?

미국 식민지의
웜펌, 코코아 씨, 그리고 스페인 옛 은화

우리는 언제 돈을 사용하는가? 내가 어릴 적에는 대부분의 사람들은 아이스크림, 음식, 옷과 같은 것을 살 때 거의 금속 동전과 지폐를 사용했다. 그러나 오늘날 많은 사람들은 동전과 지폐를 신문과 같은 비싸지 않은 물건들을 살 때만 사용한다. 더 큰 물건들에 대해서는 그들은 신용카드와 개인수표를 사용한다. 많은 사람들은 온라인에서 신용카드를 사용하여 쇼핑을 한다. 나 역시 나의 신용카드를 온라인에서 쓸 수 있다. 이것을 온라인 자금이체라고 한다.

돈이 생기기 전에, 사람들은 한 종류의 물건을 다른 종류의 물건으로 교환하는 물물교환을 했다. 농부는 그가 키운 옥수수를 대장장이의 금속 도끼와 교환했을 것이다. 그러나 농부가 도끼가 필요하지 않거나, 대장장이에게 이미 옥수수가 충분히 있다고 가정해보자. 그 때가 바로 돈이 필요해지게 된 시점이다.

첫 번째 돈의 유형은 그들 자체로 가치를 가진 물건의 형태였다. 예를 들어, 이로쿼이족은 조개껍질로 구슬을 만들고 이것을 웜펌 *Wampum*이라고 불렀다. 이 조개 구슬로 만든 문양은 어떤 메시지를 갖고 있었을 것이다. 일부 박물관은 국가 간의 조약을 기록한 조개 구슬 띠를 소장하고 있다. 그러한 조약 중의 하나가 13개 북미 식민지와 이로쿼이족 사이에 있었고, 이 띠는 그들 사이의 평화를 선언하였음을 보이고 있다. 그림 16a

후에 이로쿼이족이 유럽의 식민지배자들에게 조개구슬 꾸러미를 받고 털가죽을 팔았다. 유럽 식민지지배자들 또한 웜펌을 돈으로 사용하였다.

Washington 협약띠
그림 16a
출처: LeRoy H. Appleton. *American Indian Design and Decoration.*

그림 16b

이로쿼이족과 다른 미국 원주민들은 보통 땅을 소유하고 그 땅에서 일했다. 그들은 모든 사람들이 집단으로 땅을 사용해야 하고 한 사람이 땅을 소유할 수 없다고 믿었다. 식민지 개척자들은 생각이 달랐다. 미국 원주민들은 그들이 유럽인들로부터 돈, 조개구슬, 또는 다른 물품들을 받았을 때 땅을 이용할 권리를 포기하고 있다는 것을 깨닫지 못했다.

스페인 정복자들이 1519년 멕시코에 도착했을 때, 그들은 아스텍족*the Aztecs*이 통화로 코코아 씨를 사용한다는 것을 발견했다. 가장 큰 단위는 8000개의 씨가 들어 있는 꾸러미였다. 마야의 수 체계와 마찬가지로(49쪽), 아즈텍족의 수 체계에서 20은 가장 중요한 수였다.

스페인인들은 금과 은을 찾아 아메리카 대륙에 왔고, 그리고 그들이 찾고자 하는 것을 발견했다. 1536년 스페인 사람들은 아메리카 대륙 최초의 조폐국을 설립했고, *8 reales*(*ray-Al-ays*)의 가치를 갖는 은화 동전을 만들었다. 이 동전은 세계에서 가장 널리 쓰이는 동전이 되었고 종종 해적들에게 노략질 당하게 되었다. 이 동전은 "스페인 달러" 또는 스페인의 옛 은화라고 불렸고, 1857년까지 미국에서 합법적으로 쓰였다. 만약 사람들이 더 적은 동전이 필요하면 그들은 은화를 잘라서 썼다. 이 은화 동전의 4분의 1은 "두 조각(*two bits*)"(8조각 중의 두 조각을 의미)이라고 불렸다. 후에 이들은 미국 달러의 4분의 1에도 같은 이름을 사용하였다. 그림 16b

생각해보고 실행하기

1. 비버가죽이 웜펌 4꾸러미의 가격이고 수달가죽이 웜펌 3꾸러미 가격이라고 가정하자. 다음 물품들의 가격을 구해보자.
   a. 비버가죽 6개와 수달가죽 4개. 이로쿼이족이 했듯이, 머릿속으로 이것을 구해보자.
   b. 비버가죽 25개와 수달가죽 22개. 이것을 암산으로 계산하시오?
2. 미국원주민들이 식민지 개척자들과 어떤 다른 물품들을 교환했을까?
3. 네덜란드인들이 1626년 지금은 뉴욕 시의 일부인 맨해튼 섬을 맨해튼 인디언들로부터 샀다는 것을 읽어봤을 것이다. 이 매매에 대하여 양측의 입장은 어떠했겠는가? 맨해튼 인디언이라고 가정해 보자. 어떤 느낌을 가졌겠는가? 또한 대서양을 건너 새로운 집으로 오는 네덜란드의 소년, 소녀의 입장에서 생각해보자.

4. 아스텍족이 왜 8000개의 코코아가 든 꾸러미를 그들의 가장 큰 단위로 사용했을까? 이 수가 그들의 수체계에서 가장 중요한 20과 어떤 관계가 있는가? 우리의 수체계에서 10과 1000이 어떤 관계가 있는지 생각해 보자.

5. 몇 년 전에 다음과 같은 노래가 있었다. "면도와 이발, 두 조각(*two bits*)!" 두 조각은 미국 동전으로 얼마인가? 왜 그런가? 몇 조각이 1.50달러와 같은가?

153쪽에서 답을 찾을 수 있다.

아프리카의 구슬, 조개껍질, 그리고 금

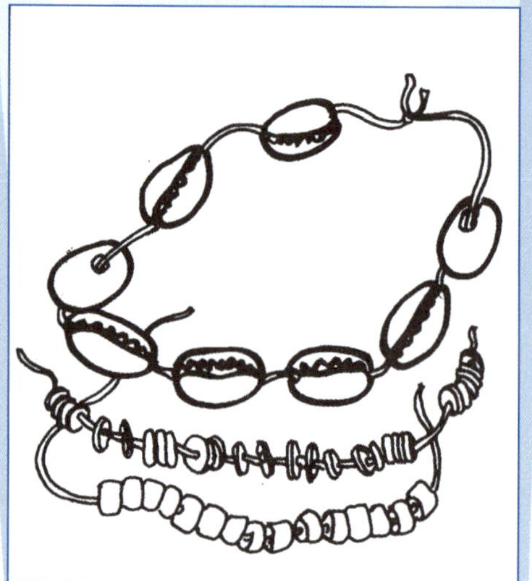

개오지 조개껍질,
물물교환용 구슬, 상아 디스크
그림 17a

우리가 몇 백 년 전에 서부 아프리카에서 살았다면, 닭을 몇 개의 개오지 조개껍질 꾸러미를 내고 샀을 것이다. 사실, 200 조개껍질 꾸러미에 대한 한 명칭은 "암탉*hen*"의 포르투갈어인 갈리나*gallina*였다. 조개껍질 꾸러미는 매우 유용했다. 조개껍질은 모든 물건들을 꾸미는 데 사용되었고, 머리장식과 보석으로도 사용되었으며, 만카라 게임에서는 말로 쓰였다. 조개껍질은 돈으로 가장 유용했다. 금화 하나의 가치의 조개껍질 꾸러미가 더 많은 중량이 나간다 할지라도, 일부 물물교환자들은 금보다 조개껍질 꾸러미를 더 좋아했다. 아프리카의 상인들은 큰 수로 암산을 잘 하는 것, 여러 해 동안 판매액을 잘 기억하는 것으로 명성이 높았다.

중부와 동부 아프리카의 일부에서는, 구슬이 돈으로 쓰였다. 구슬은 5개씩 또는 20개씩 꾸러미가 되어 있었다. 구슬은 유럽에서 수입되거나 아프리카 사람들이 상아 또는 타조 알로 직접 만들어서 사용했다. 그림 17a

수천 년 전에 세계에서 가장 부유한 사람은 가나의 고대 서부 아프리카 왕국의 왕이었을 것이다. 이 나라는 현대 가나의 북쪽에 위치해 있었다. 또 하나의 굉장한 왕은 서부 아프리카의 고대 말리의 왕인 만사무사*Mansa Musa*였다. 1324년에 그는 60,000명의 신하와 금으로 된 재물을 가지고 이집트를 여행했다. 이 당시, 아프리카의 많은 금광들은 유럽의 통화를 위한 금을 제공하고 있었다.

1600년부터 가나의 아샨티(아프리카 서부의 구 왕국; 현재는 가나의 한 주) 무역상들은 사금을 잴 황동 분동 체계를 발전시켰다. 이 여러 형태의 분동들은 모든 형태의 사람, 동물, 심지어 만카라 게임판을 포함해서 모든 사물의 모습을 표현하고 있었다. 그림 17b

19세기 아프리카 무역상 되기

1. 아프리카의 콩고지역에서, 다음과 같이 구슬이 통화로 쓰였다.

구슬 5개 = 1꾸러미

5 꾸러미 = 1만타누(tanu는 5를 뜻함)

4만타누, 2꾸러미, 그리고 3구슬을 한 단위 길이의 천을 사기 위해 냈다. 이 천은 구슬 단위로 얼마인가? 아프리카 상인들이 하듯 암산으로 계산해보자.

2. 내가 나이지리아에 있을 때, 나는 나이지리아의 동전을 사용해서 예전에 화폐로 쓰였던 40개의 조개껍질 꾸러미와 쇠 마닐라 하나를 구입했다. 그림 17c

1세기 전 또는 그 전에, 조개껍질 꾸러미 돈의 양에 대한 다양한 비율이다.

40 조개껍질 = 1 꾸러미

5 꾸러미 = 1 다발

10 다발 = 1 헤드 (1 head)

10 헤드 = 1 백 (1 bag)

조개껍질 몇 개가 1 백*bag*인가? 1 백은 한 사람이 옮길 수 있을 만큼의 많은 양이다. 서부 아프리카 무역상들이 하듯이, 머릿속으로 이것을 계산해 보라. 이들 무역상 중 많은 사람들은 학교 교육을 거의 받지 않은 여자들이지만, 이들은 암산으로 큰 수들의 합을 계산할 수 있다.

생각해 보고 실행하기

1. 친구들과 함께 19세기의 서부 아프리카의 시장의 장면을 연출해 보도록 한다. 통화로 조개껍질을 사용하는 것으로 가정한다. 마커펜과 조개가 좋은 대체품이 될 것이다.
2. 몇몇의 유럽 무역상들은 유럽의 금화보다 조개껍질 돈을 더 좋아했다. 그들이 이렇게 한 이유를 생각해 보고, 그 이유에 대해 반박해 보라.

사금의 무게를 재는데 사용된 황동 분동(만카라 게임판 모양을 하고 있다.)
그림 17b

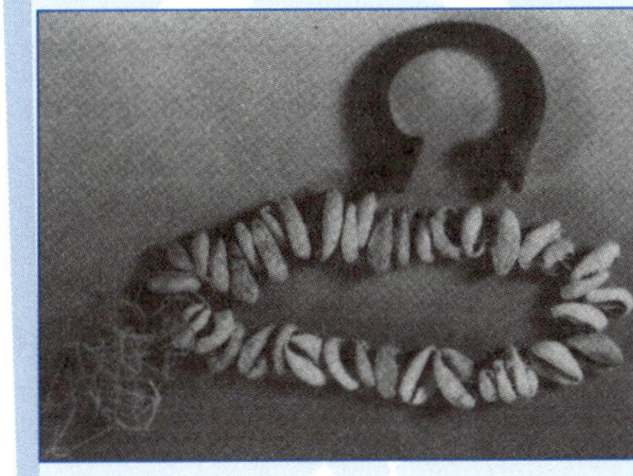

40 개오지 조개껍질과 마닐라 한 개
그림 17b

미국의 빈 캔 절약!

사람들은 물, 종이, 음식, 빈 캔과 같은 많은 것들을 낭비한다. 만약 우리가 주의하지 않는다면, 세계는 어느 날 이러한 것들을 부족할 때가 올지 모른다.

사람들은 이제 알루미늄 캔을 재활용하는 것을 배우고 있다. 이것은 매우 중요한데 캔 하나를 만드는 데 소요되는 에너지가 얼마인지 알고 있는가?

- 1990년에 미국은 650억 개의 알루미늄 음료 캔을 사용했다.
- 캔을 버리면 6온스의 가솔린을 낭비한다.
- 1개의 캔을 재활용함으로서 절약되는 에너지로 TV를 3시간 동안 켜놓을 수 있다.

생각해 보고 실행하기

처음부터 3번 문제까지 계산기를 사용해도 좋다. 153쪽에서 답을 확인할 수 있다.

1. 1990년에 미국에 사람이 2억 5000만 명 있었다. 평균적으로 한 사람이 음료수 캔을 몇 개 사용했는가?
2. 그 당시에 2억 개의 TV 세트가 미국에 있었다고 가정하자. 1990년에 모든 캔이 재활용되었다면, 그 TV들을 며칠 동안 켤 수 있었을까?
3. 1갤런은 128온스다. 모든 캔이 재활용된다면, 1년에 몇 갤런의 가솔린이 절약되겠는가?

4. 친구 또는 학급 급우와 함께 음료수 캔을 재활용하는 프로젝트를 토론해보자. 프로젝트 모임 그리고 그들의 가족이 사용하는 캔의 수 또는 학교나 지역 마트에서 판매한 캔의 수에 대한 통계치를 수집해 보는 것도 좋다. 얼마나 많이 재활용되고 있는가? 자신의 작업을 설명할 수 있는 그래프나 포스터를 만들어 보도록 한다.

5. 종이와 같은 또 다른 재료를 가지고 유사한 재활용 프로젝트를 친구와 함께 한다.

6. *The Earthwork Groups*이 집필한 『***Fifty Simple Things Kids Can Do to Save the Earth***』을 읽는다. (참고문헌 157쪽 참고). 또는 환경 보호와 관련된 유사한 책을 읽는다.

전 세계의 어린이들의 생명 구하기

나는 최근에 "약 5000명 어린이들이 5센트의 패킷이 없어서 매일 죽어간다."는 충격적인 소식을 우편으로 받았다. 이 우편물은 미국의 유니세프를 위한 기금에서 온 것이다.

5센트짜리 패킷이라면 얼마나 대단한 것인가? 어떻게 그것이 한 어린이의 생명을 구할 수 있는가? 이 패킷은 소금, 설탕, 그리고 깨끗한 물로 이루어져 있다. 그것은 탈수와 심한 설사로 인한 수분 부족을 치료한다. 의사들은 이를 입을 통한 수분 보충 요법, 즉 ORT라고 부른다. 부모들은 이것을 자신들의 아이들의 생명을 구할 수 있는 기적이라고 부른다.

ORT는 매년 200만 명의 아이들의 목숨을 구한다. 그러나 치료를 받지 못하는 아이들도 많다. 패킷이 이들에게 닿기 어려울 수 있거나, 아이들의 부모가 이 치료를 모르고 있거나, 아이들의 정부가 이 프로그램을 실행하기에 충분한 돈이 없어서 일 수 있다. 교육, 오지로의 이동, 의사와 간호사와 같은 모든 것들은 돈을 필요로 한다.

유니세프는 여러 가지 다양한 방법으로 어린이들을 돕고 있다. 다음은 세계의 어린이들을 돕기 위해 돈으로 살 수 있는 몇 가지 것들이다.

- 4센트면 실명을 방지하는 비타민A 보충제 1년 치를 공급할 수 있다.
- $15면 1600파운드의 영양가 있는 음식을 키워 낼 씨를 살 수 있다.
- $60이면 10명의 난민 어린이들에게 따뜻한 스웨터와 겨울 부츠를 제공할 수 있다.

생각해 보고 실행하기

1. 자신의 학급에서 $100을 유니세프를 위해 모금할 수 있다고 하자. ORT 패킷을 몇 개나 살 수 있는가? 비타민 A, 따뜻한 스웨터, 씨에 대해서도 같은 것을 적용해 보자. 암산으로 계산해보거나 계산기를 이용해 보기 바란다. 답은 153쪽에 있다.

2. 친구들 또는 급우들과 함께 유니세프를 도울 수 있는 돈을 모금하는 프로젝트를 의논해 보기 바란다.
서울특별시 종로구 창성동 17−1
Tel. 02) 723-8215, www.unicef.or.kr
에 있는 유니세프 한국위원회에 연락을 해 보아도 좋을 것이다. 유니세프는 모금 기부를 위한 안내문을 보내줄 것이다.

4

행운의 수는?

사람들이 처음으로 세기를 배울 때 이후로, 사람들은 몇몇의 수를 특별한 것으로 선택하였다. 피타고라스 학파가 있던 고대 그리스의 초기에 수는 매우 중요하였다. 이 시기의 그리스인들은 짝수는 여성으로, 홀수는 남성으로 생각했다. 메소포타미아의 현인들 덕분에 우리는 7일 일주일을 갖게 되었다. 이들은 하늘에서 7개의 "방황하는 별들"을 보았다. 많은 미국 원주민들은 사방四方: *four directions*을 특별한 것으로 생각했다. 심지어 많은 미국인들이 오늘날까지도 13일을 불길한 날로 여기고 있다.

마방진은 수천 년 전의 고대 중국으로 거슬러 올라갈 만큼 역사가 깊다. 인도와 아프리카의 몇 나라에서, 사람들은 마방진을 악마를 물리치는 부적으로 몸에 지니고 다녔다. 고대 페르시아의 주술사들은 마방진이 병을 치료할 수 있다고 생각했다. 마방진은 어떤 시기에는 이슬람 종교의 일부였다. 세계의 모든 지역에서 수학자들은 마방진과 마방진의 특별한 성질을 연구하였다. 수학자들은 점점 더 큰 마방진을 구성하였고, 일부 수학자들은 여러 종류의 수를 이용하였다. 마방진에 관한 책도 집필되었다. 심지어 *Benjamin Franklin*도 시도하였다. 이 장에서 간단한 유형의 마방진에 대해서 배우게 될 것이다. 아마도 이로 인해서 마방진에 대해서 더욱더 많은 관심을 가지게 될 것이다.

13은 미국에서 행운의 수인가, 불운의 수인가?

*Eddie*가 친구에게 "내일이 13일의 금요일이야. 알고 있어?"라고 물었다.

친구 *Sam*이 "그게 어때서?" 하며 되물었다. *Eddie*는 넌더리를 내며 "그게 어때서라니! 13일의 금요일이라구! 운이 나쁜 날이야!" 말했다.

"그건 잘못된 생각이야. 어떤 특정한 숫자가 불운을 가져온다는 것은 미신일 뿐이야. 단순하게 보여줄게. 난 이 종이에 '13일의 금요일'이라고 써서 내일 주머니에 넣고 다닐 거야. 너는 나에게 나쁜 일이 하나도 벌어지지 않는 것을 보게 될 거야." *Sam*은 '13일의 금요일'이라는 글을 종이에 적었고 다음 날 자신의 윗옷에 넣기 위해 이것을 집으로 가져갔다.

금요일 낮에는 모든 것이 순조롭게 지나갔다. *Sam*은 가끔씩 그 쪽지가 주머니에 있는지 확인했다. 가족들이 저녁을 먹으려고 준비하고 있을 때, *Sam*의 어머니는 빵이 없다는 것을 알았다. 어머니는 *Sam*에게 빵을 사오라고 하셨다. 어머니는 *Sam*이 나갈 때 "그리고 집으로 돌아오면서 시간낭비하지 마라!"고 말씀하셨다.

*Sam*은 빵집으로 달렸다. 그는 너무 배가 고파서 집에 가서 빵을 먹을 때까지 기다릴 수가 없었다. *Sam*은 빵을 움켜쥐고 도로를 가로질러 달리는데, 그때 마침 차가 오고 있었다. 그 차의 운전수는 *Sam*을 보고 속도를 늦췄지만 역부족이었다. 그 차는 완전히 멈추기도 전에 *Sam*을 치었지만 *Sam*은 재빨리 일어섰다. 그는 운전수에게 자신은 괜찮다고 말하고, 빵을 가지고 집으로 달려갔다. 그는 그의 가족들에게 사고에 대해서 아무 말도 하지 않았다.

저녁식사 직후에 그는 어지럼증을 느끼기 시작했다. 그의 어머니는 *Sam*이 창백해진 것을 보고 불안해 하였다. 결국, *Sam*은 가족들에게 무슨 일이 있었는지 말했다. 즉시 가족들은 의사를 불렀다. 진찰 후, 의사는 "*Sam*은 큰 충격을 받았지만, 상처는 없습니다. 걱정하지 마세요. 괜찮을 겁니다. 환자를 침대에

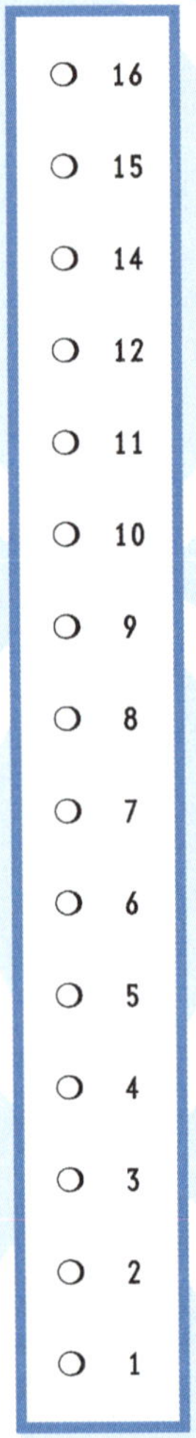

눕히고, 내일 아침에는 괜찮아질 겁니다."고 말했다.

한편, 그 사고 소식은 이웃사람들에게 퍼져 나갔다. 곧 *Eddie*와 다른 친구들이 *Sam*의 집에 도착하였고, *Sam*이 어떤지 궁금해 하였다.

*Eddie*가 "내가 13일의 금요일이 불길하다고 말했지!"하며 소리쳤다.

*Sam*은 "그걸 어떻게 알아? 만약 내가 13일의 금요일이 쓰인 종이를 갖고 다니지 않았다면, 내가 죽었을지도 모르잖아!"라며 되받아쳤다.

생각해 보고 실행하기

1. *Sam*에 관한 이야기는 실화이다. *Sam*은 나의 남편이인데, 그가 11살이 되었을 때 일어난 일이다. 13일의 금요일과 *Sam*의 사고가 관련이 있다면 어떤 관련이 있다고 생각하는가? "13일의 금요일"이라는 단어가 적힌 종이가 이 사고의 결과를 다르게 만들었는가?
2. 많은 고층 빌딩들은 "10, 11, 12, 14,"처럼 13이라는 수를 건너뛰어 층 번호를 매긴다. 나는 13층에 살고 있다. 내가 살고 있는 아파트는 13이라는 수를 건너뛰지 않았다. 내가 아파트에 왔을 때, 빌딩 관리자는 악수하며 나의 대담함을 축하해 주었다! "13의 공포"라는 이름도 있다. 이것은 13 공포증이다. 사전에서 이 단어를 찾아서 그 유래를 찾아보기 바란다.
3. 미국은 13개의 식민지에서 형성되었다. 이런 연유에서 성조기에 13개의 줄이 있다. 1달러 지폐의 뒷면을 살펴보자. 피라미드의 층수를 세어 보고, 독수리가 물고 있는 올리브 나뭇가지의 나뭇잎의 수를 세어 보기 바란다. 1달러 지폐의 뒷면에 다른 13개의 묶음들을 찾을 수 있는가?
4. 멕시코와 중앙아메리카의 마야문명에서, 13은 특별한 수였다. 그들의 종교 달력은 13개의 달을(49쪽 참고) 가지고 있었다. 이밖에 다른 특별한 의미를 지니고 있는 13의 예를 찾아보자.
5. 친구들에게 13이라는 숫자에 대해 어떻게 생각하는지 물어보기 바란다. 만약 그들이 13이라는 숫자를 두려워한다면, 왜 그런지 물어보자.

고대의 7은 행운의 수인가? 불운의 수인가?

고대 메소포타미아(현재 이라크)의 현자들은 밤마다 하늘을 올려다보았다. 그들은 몇몇 천체는 자신의 위치를 거의 바꾸지 않지만, 다른 천체들은 지구를 중심으로 움직인다는 것을 알았다. 그들은 하늘에서 움직이는 7개의 행성(태양, 달, 육안으로 볼 수 있는 다섯 개의 행성(화성, 수성, 토성, 금성, 목성)를 세고, 이들에게 "방황하는 별"이라고 이름을 지었다. 사람들은 이들 행성들이 신의 전달자라고 생각했었다. 이 별들의 이름은 변했을지라도 이것이 우리가 7일이라는 일주일을 갖는 이유이다.

사람들은 고대의 7대 불가사의에 대해 이야기한다. 하나는 기원전 2650년에 세워진 이집트 쿠푸 왕의 피라미드이다.

다른 하나는 로도스 섬의 거상 콜로서스*The Colossus statue*였다. 이 조각상은 너무나 커서 이 조각상의 다리 사이로 배가 지나 갈 수 있었다고 한다. 바빌론의 공중정원은 또 다른 불가사의 중 하나였다. 아마 다른 불가사의한 사물들이 존재하지만, 7개를 선정한 이유는 수 7이 행운을 의미한다고 생각했기 때문이다.

수 7은 시대를 거치면서 늘 특별한 수로 남아 있었다. 고대 이집트로 되돌아가보자. 기원전 약 1650년에 씌어진 파피루스에는, 필경사 *Ahmes*는 이집트 수를 사용해서 다음의 목록을 적었다.

집	7
고양이	49
쥐	343
밀	2,401
곡식	16,807
합계	19,607

이 목록이 신비롭게 보일지 모른다. 각 수는 앞 수에 7배수라는 것을 확인할 수 있다. 이것은 무엇을 의미하는가?

1202년으로 돌아가 보자. 이탈리아 수학자 레오나르도 다빈치*Leonardo Fibonacci*가 집필한

한 책에 이 퍼즐이 나타난다.

7명의 나이든 여성들이 로마로 가고 있었다. 각 여성은 7마리의 노새를 가지고 있었고, 각 노새는 7개의 자루를 운반하고 있었고, 각 자루 속에는 7개의 빵이 들어있었고, 각 빵에는 7개의 빵칼이 있었고, 각 빵칼은 7개의 칼집 속에 있었다. 여성, 노새, 자루, 빵, 빵칼, 칼집의 수는 얼마인가?

*Ahmes*는 마음속에 이와 같은 퍼즐을 가지고 있었을 것이나 글로 써서 표현하지는 않았다. 그의 퍼즐은 다음과 같을 수도 있을 것이다.

어떤 사람이 7채의 집을 가지고 있다. 각 집에는 7마리의 고양이가 살고, 각 고양이는 7마리의 쥐를 죽였다. 각 쥐는 7개의 이삭을 먹었다. 각 이삭은 7개의 낟알이 붙어 있었다. 지금까지 등장한 모든 사물의 개수는 몇 개인가?

이제 600년이 흐른 1802년으로 가보자. 이 시대에 어린이들에게 유명했던 구절에는 다음과 같은 것이 있다.

내가 세인트 아이브스3)로 가고 있을 때, 7명의 부인을 가진 한 남자를 만났다. 그 부인들은 각각 7개의 자루를 가지고 있었으며, 각 자루에는 7마리의 고양이가 들어있었다. 각 고양이는 7마리의 새끼고양이를 가지고 있었다. 새끼고양이, 고양이, 자루, 부인들까지 모두 얼마가 세인트 아이브스로 향하고 있었는가?

사실 이 퍼즐에는 트릭이 있다. 만약 말하는 사람이 세인트 아이브스로 가고 있고, 만난 남자가 반대 방향으로 가고 있었다면, 정답은 "1"이다.

생각해보고 실행하기

1. 요일의 이름에 대하여 생각해보자. 일요일은 태양에서 유래했다. 다른 여섯 요일의 이름의 기원을 찾아보자. 사전이나 학교의 독서교사의 도움을 받아 살펴보면 될 것이다. 일부 요일들은 고대 스칸디나비아(노르웨이) 신의 이름에서 유래했다.
2. 세계 7대 불가사의에 대하여 조사해보자. 어떤 것들인가? 이것들에 어떤 일이 일어났는가? 이집트의 피라미드는 오늘

3) 세인트 아이브스는 영국의 남서 지역에 있는 아름다운 항구도시이다.

날 우리가 방문해볼 수 있는 유일한 불가사의이다. 만약 현시대의 7대 불가사의를 정하라는 부탁을 받았다면, 어떤 것들을 불가사의로 하겠는가?

3. *Ahmes*의 퍼즐에 있는 계산을 점검해 보도록 한다. 그가 옳았는가?

4. 레오나르도 피보나치는 1202년에 출판된 자신의 책에서 인도–아라비아 수를 유럽에 소개했다. 이 수들이 우리가 현재 사용하고 있는 수이다. 유럽인은 그 이전에는 어떤 종류의 수를 사용했을까?

5. 2개의 주사위를 던진다고 가정해보자. 어떤 수의 조합에 내기를 걸겠는가? 7이 다른 어떤 조합보다 더 자주 나타날 것이라는 사실을 나타내어라. (주사위의 면은 1~6까지의 수로 되어 있다.) 예를 들어, 첫 번째 주사위가 1이 나왔다면, 두 번째 주사위는 6이 나올 것이다. 합이 7이 되는 조합은 총 6개가 있다. 그렇다면 합이 6인 조합 또는 8인 조합은 몇 가지일까?

유럽의 **문자와 숫자**

여러 세기동안, 유럽인들이 우리가 현재 사용하는 인도–아라비아 수를 배우기 전, 유럽인들은 로마숫자를 사용했다. 물론, 이 로마숫자로 계산을 할 때, 이 수들은 다루기가 어렵다. 그러나 수와 문자를 연결할 때 이 로마숫자는 매우 유용하다.

고대와 중세 시대에, 유대인은 숫자를 히브리어 문자를 이용해 표현했다. 그러나 유대인은 여호와의 이름을 적는 것을 금기시했다. 여호와의 이름을 쓰는 유일한 방법은 *yod heh*의 조합이었다. 이 조합은 또한 15(10과 5)를 나타냈다. 그래서 유대인은 15 대신에 9 더하기 6 조합을 사용해 이 문제를 해결했다.

일부 유대인과 후기 기독교인은 한 단어 또는 이름에 있는 철자들의 값을 더해서 어떤 한 사람의 미래 또는 성격을 예언할 수 있다고 생각했다. 이런 것을 "게마트리아*Gematria*"라고 부른다. 이것이 일부 사람들이 짐승이라고 불리게 된 것이다. 이것이 게마트리아가 작용했던 방법이다.

로마숫자 DCLXVI의 값을 발견해보자.

D	C	L	X	V	I
500	100	50	10	5	1

를 나타내는 각 문자가 한 번씩만 사용되었음을 주목하기 바란다. 이 숫자 666은 짐승의 숫자로 생각되었다. 이 수는 미움을 받는 사람들을 공격하기 위해 사용되었다. 다음의 것이 사용하는 방식이었을 것이다. 한 사람의 이름을 적는다. 로마숫자를 적는데 사용되지 않는 모든 문자는 지워버린다. 몇 개의 문자를 추가한다. 그렇게 할 만한 이유를 만든다. 이 문자들을 재배열한다. 영리하다면 이 문자들로 DCLXVI를 만들어 낼 수 있을 것이다. 16세기에 가톨릭과 개신교가 갈등을 빚을 때, 교황 레오 X세와 마틴 루터는 자신들의 반대 세력에 의해 짐승이라는 낙인을 받았다. 같은 방식으로 줄리어스 시저와 나폴레옹 역시 짐승이 되었다.

문자-수 게임

문자와 수를 이용하여 친구들과 이 게임을 해보자.

1. 종이에 왼쪽 끝에서 세로로 1에서 9까지의 수를 적어보자. 각 수에 개인적 특성을 부여한다. 예를 들어 1=기쁜, 2=도움이 되는 등과 같이.
2. 이 종이에 가로로 알파벳 철자들을 적어보자. 그 철자 아래에 1에서 26까지의 수를 적는다.

A	B	C	…	X	Y	Z
1	2	3	…	24	25	26

3. 이름에 있는 철자들의 값을 더하여보자. 이 합이 한 자리 수 이상이면 각 자리 수의 값을 더한다. 최종 합이 한 자리 수가 될 때까지 이 과정을 반복하여보자.
4. 개인적 특성의 목록과 그 숫자를 비교해 보라. 예를 들어, 이름이 *Ann*인 경우를 해보면 다음과 같다.

A = 1, N = 14

1 + 14 + 14 = 29 ⇨ 11 ⇨ 2

2= 도움이 되는

생각해보고 실행하기

여러 가지 수들이 다양한 사회에서 특별한 의미를 가지고 있다. 이들 여러 가지 수들을 찾아볼 수 있겠는가?

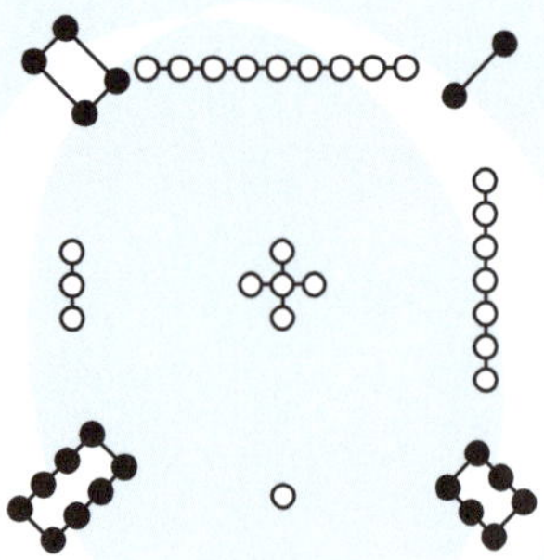

로슈
그림 1a

4	9	2
3	5	7
8	1	6

마방진
그림 1b

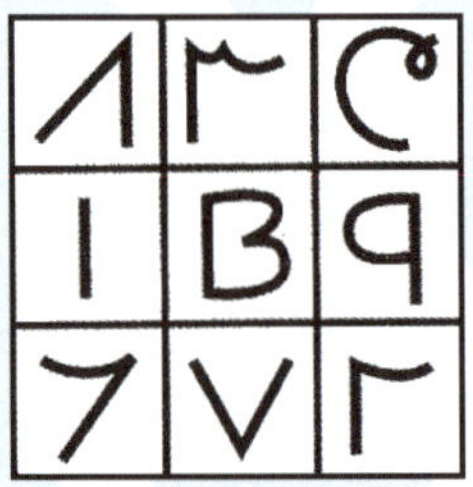

동 아리비아 수로 된 마방진
그림 2

중국과 무슬림 세계의 마방진

중국인들이 마방진을 만들어 냈다. 중국인들은 마방진과 관련된 설화를 가지고 있다. 약 4,000년 전, 황제는 궁중과 함께 로강*Lo river*를 항해하고 있었다. 갑자기 거북이 한 마리가 물 위로 떠올랐다. 이 거북이의 등 위에 그림 1a에 있는 무늬가 있었다. 이들이 이 무늬를 조심스럽게 살펴보았을 때 이 무늬 속에는 9개의 수가 있었다. 이들은 수로 된 이 무늬를 로슈*Lo Shu*라고 불렀고, 이것의 뜻은 "낙도(落圖)(또는 낙서(洛書), 하도(河圖)"이다. 그림 1a, 그림 1b

- 가로로 각 행을 더한다. 합은 15이다.
- 세로로 각 열을 더한다. 합은 15이다.
- 각 대각선을 더한다. 합은 15이다.
- 수 15는 마방진의 합이다.

마방진을 만드는 방법은 인도, 일본, 중앙아시아, 아프리카, 그리고 유럽과 미국과 같은 여러 나라로 퍼져 나갔다. 마방진은 중앙아시아와 아프리카에서 무슬림의 종교인 이슬람의 부분이 되었다.

무슬림 학자들은 크고 복잡한 마방진을 만드는 것을 즐겼다. 그들은 이것을 "비밀 과학"이라고 불렀다. 그들은 동 아라비아 수로 적었다. 아주 흔히 그들은 일반 사람들이 비밀 과학을 배우지 못하도록 하기 위해서 실수를 도입하였다. 아마도 이들 여러 마방진들은 비밀 메시지를 보내기 위한 암호였을 것이다! 18세기 나이지리아 학자 *Muhammad ibn Muhammad*는 마방진에 대한 내용만으로 구성된 책을 아랍어로 집필했다.

이 마방진은 1에서 9까지의 수를 한 번씩만 사용한다. 합은 15이다. 그림 2

준비물

- 종이 (줄이 있는 종이가 좋다)
- 연필
- 지우개
- 자

생각해보고 실행하기

1. 그림 1b에 있는 마방진을 분석해보자. 중앙에 어떤 수가 있는가? 이 수는 합 15와 어떤 관련이 있을까? 이 정사각형에 있는 모든 수들의 합은 얼마인가? 이 합은 중앙수와 어떤 관련이 있을까? 어떤 종류의 수들이 모퉁이에 있는가? 이런 힌트들을 마음에 새기면서, 자신의 마방진을 그린다. 1을 맨 윗줄의 중앙에 넣은 후 이 마방진을 완성해보자.
2. 정사각형을 하나 그리고, 이것을 9칸으로 나눈다. 동 아라비아 마방진을 우리의 인도-아라비아 수로 번역하여라. 시작하는 것을 돕기 위해서 2칸은 채워놓았다. 그림 3
3. 표를 하나 만든다. 1부터 9까지 가로로 수를 적는다. 각 수 아래에, 대응하는 동 아라비아 수를 적어보자.
4. 3.에서 만든 표를 이용하여 그림 4a와 그림 4b에 있는 두 마방진을 번역하여라.

153쪽에서 답을 확인할 수 있다.

1		
6		

그림 3

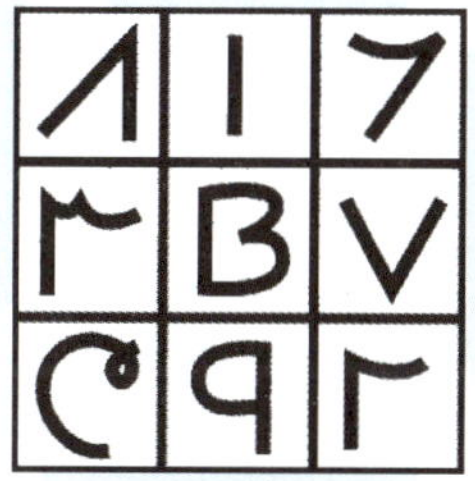

그림 4a

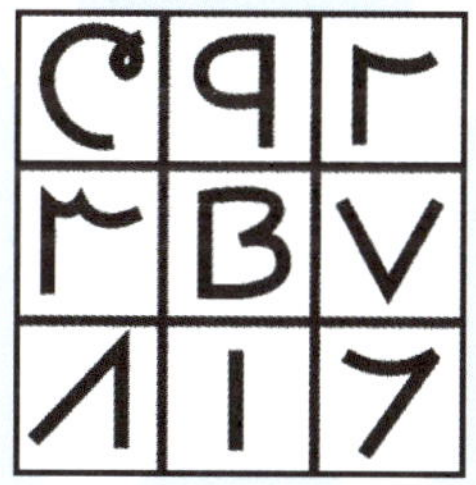

그림 4b

마방진 즐기기

4	9	2
3	5	7
8	1	6

기본 마방진
그림 5

지난 활동에서 1에서 9까지 수를 사용하여 3×3 마방진을 만들었다. 중앙수는 5였다. 합은 3×5, 즉 15였다. 짝수는 각 모퉁이에 놓였다.

만약 2에서 10까지의 수를 사용하여 마방진을 만들기를 원한다고 가정해 보자. 자신이 이미 만들어 놓은 마방진에 있는 수들에 1을 더하는 것이다. 이것을 하기 전에, 합이 얼마가 되어야 하는지 구해보도록 한다. 한 행에 있는 각 수에 1을 더하면, 합은 15+3, 즉 18이어야 한다. 중앙수는 짝수이며 모퉁이에 있는 수는 홀수이다.

준비물

- 종이 한 장. 센티미터 또는 1/2인치 모눈종이가 있으면 이것이 도움이 될 수 있다. 줄쳐진 종이도 좋다.
- 연필
- 지우개
- 자

마방진 만들기

1. 여러 개의 정사각형을 그리고, 그것들을 9개의 작은 정사각형으로 나눈다.
2. 이전 활동에 있는 마방진을 복사하거나 그림 5에 있는 기본 마방진을 이용한다.
3. 2에서 10까지 수를 사용하여 새로운 마방진을 만들어보자. 합이 얼마인가? 중앙수는 무엇인가?
4. 2에서 18까지의 짝수를 사용하여 또 다른 마방진을 만들어보자. 이 마방진을 만들기 전에, 어떤 수가 중앙에 가야 하는지 알아내보자. 합이 얼마일까?

생각해보고 실행하기

1. 기본 마방진을 가지고 있다고 가정하고, 이 마방진에 있는 각 수에 3을 곱하여라. 합이 얼마인가? 중앙수는 얼마인가? 모든 수의 합은 얼마인가? 이 마방진을 만들어 답을 확인해보자.

2. 기본 마방진에 있는 각 수에 5를 더한다고 가정하자. 중앙수는 얼마인가? 합은 얼마인가? 모든 수의 합은 얼마인가? 이 마방진을 만들고 답을 확인해보자.
3. 달력에서 임의의 한 달을 선택한다. 그리고 9개의 수가 포함된 3×3의 정사각형을 그려보자. 그림 6
이 9개의 수를 재배열하여 마방진을 만들어보자.

힌트 : 중앙수는 바꾸지 않는다. 중앙수가 짝수이면 모퉁이 수는 홀수이고, 중앙수가 홀수이면 모퉁이 수는 짝수이다.
모든 수의 합은 얼마인가? 이 합은 중앙수와 어떤 관련이 있는가?

4. 무슬림 학자들은 의도적으로 마방진에 잘못된 수를 적어두었다. 이 마방진에 있는 잘못된 수를 찾아보자. 합은 30이다. 그림 7

1	2	3	4	5	6	7
8	9	10	11	12	13	14
15	16	17	18	19	20	21
22	23	24	25	26	27	28
29	30					

달력 마방진
그림 6

3	16	11
18	10	2
9	14	17

잘못된 수 찾기
그림 7

유럽의 4×4 마방진

16	3	2	13
5	10	11	8
9	6	7	12
4	15	14	1

Dürer의 마방진
그림 8

그림 8에 있는 마방진은 우울함이라는 뜻의 "멜랑꼴리*Melancholia*"라는 제목의 유명한 작품에 있다. 4×4 형태의 마방진은 로마의 신 중 유머의 신인 "주피터*Jupiter*의 사각형"이라고 불린다. 아마도 독일의 위대한 화가인 *Albrecht Dürer*는 누군가의 우울함 감정을 극복하는 데에 도움을 주고자 한 듯하다. 가장 아랫줄에서 15와 14를 볼 수 있다. *Dürer*는 1514년에 이 그림을 그렸다. 그림 8

계산해야 할 것들

1. Dürer의 마방진을 복사한다. Dürer는 어떤 수를 사용하였는가?
2. 각 행의 합을 구해보자. 각 열의 합을 구해보자. 각 대각선의 합을 구해보자. 이 합이 마방진의 수이다.
3. 좌측 상단의 2×2 정사각형을 보자. 네 수 즉 16, 3, 5, 10의 합은 얼마인가? 우측 상단에 있는 네 수, 좌측 하단에 있는 네 수, 우측 하단에 있는 네 수의 합을 구해보자. 매번 같은 합을 구하였는가?
4. 중앙 2×2 정사각형의 네 수의 합을 구해보자.
5. 이 4×4 마방진의 마방진 수는 34이다. 이 마방진에서 네 수를 더해서 구할 수 있는 다른 방법을 찾을 수 있는가? 한 가지 방법은 16, 2, 7, 9를 더하는 것이다. 이들 수를 연결하는 선을 긋는다면, 이 선들은 3×3 정사각형의 형태를 취할 것이다. 다른 3×3 정사각형의 모퉁이에 있는 수들을 더하여보자.
6. 3, 5, 14, 12를 연결해서 평행사변형을 형성한다. 이 수들의 합을 구한다. 네 수의 합이 34가 되는 다른 평행사변형을 그릴 수 있는가?

4×4 형태의 마방진을 만들 수 있다. 1부터 16까지의 수를 한 번씩만 사용해서 4×4 마방진을 만드는 방법이 아래에 소개되어 있다.

준비물

- 종이 1장. 센티미터 또는 1/2인치 모눈종이가 있다면, 선을 그리지 않아도 될 것이다.
- 연필
- 지우개
- 자

마방진 만들기

1. 4×4 정사각형을 2개, 각 정사각형을 16개의 작은 정사각형으로 나눈다.
2. 처음 정사각형에 1에서 16까지의 수를 적는다. 그림 9a
3. 두 번째 정사각형에, 첫 번째 정사각형의 두 대각선에 있는 수들을 반대 순서로 적는다.
4. 첫 번째 정사각형에 남아 있는 수들을 같은 순서로 복사한다. 그림 9b
5. 합이 34인지 확인한다. 각 2×2 정사각형에 있는 네 수의 합을 구한다. 네 수를 더해서 합이 34가 되는 다른 방법을 찾아보자.
6. Dürer의 그림에 있는 마방진과 비교해 보자.

실행하기

달력을 찾아본다. 달력에서 4×4 정사각형에 있는 수들을 선택한다. 이 수들을 종이 한 쪽에 적어 둔다. 이 16개의 수들을 재배열하여 4×4 마방진을 만들어보자. 이 수들로 마방진을 만들 수 있는 이유는 무엇인가?

1	2	3	4
5	6	7	8
9	10	11	12
13	14	15	16

초기 수 배열
그림 9a

16	2	3	13
	11	10	
	7	6	
4			1

4×4 마방진 만들기
그림 9b

Panmagic 마방진

1	12	7	14
8	13	2	11
10	3	16	5
15	6	9	4

Panmagic 마방진
그림 10a

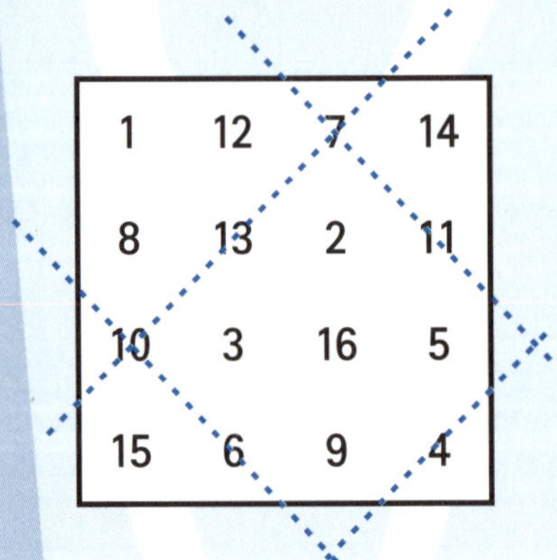

꺾인 대각선에 있는 수들의 합
그림 10b

4×4 마방진 중 그림 10a에 있는 형태의 마방진은 여러 가지 이름으로 불린다. *Panmagic*은 서로 다른 다양한 방법으로 마방진이 이루어진다는 것을 의미한다. 또한 *diabolical* 마방진이라고 불리기도 하는데 그 뜻은 "악마와 같은 마방진"이다.

다른 이름으로는 "완벽한*perfect* 마방진"과 "*pandiagonal* 마방진"이 있다. *pandiagonal*이라는 단어는 이런 형태의 마방진이 왜 특별한 것인지를 말해주고 있다. 이전의 활동에서 설명한 모든 다른 방법들에다가 꺾인 대각선에 있는 모든 수들을 더해서 합이 34가 된다. 1~16까지의 수를 사용해서 이러한 특징을 가지는 마방진은 48개가 있다. 그림 10a는 한 예이다.

생각해보고 실행하기

1. 그림 10a에 있는 마방진을 복사한다. 75쪽에 있는 준비물 목록을 살펴보자.
2. 각 꺾인 대각선에 있는 네 수들을 적고 더한다. 그림 10b에 있는 예를 본다.

   $10 + 6 + 7 + 11 = 34$
   $7 + 13 + 10 + 4 =$

   꺾인 대각선에 있는 네 수의 합을 구할 수 있는 더 많은 방법을 찾아보자.
3. 각 2×2 정사각형에 있는 네 수를 적고 더해보자. 예는 다음과 같다.

   $8 + 13 + 3 + 10 = 34$

   9개의 2×2 정사각형이 있다. 각 2×2 정사각형에 있는 네 수의 합을 구해보자. 합이 34인가? 아니면 다른 수인가?

4. 4개의 3×3 정사각형이 있다. 모퉁이에 있는 네 수의 합을 구해보자. 예는 다음과 같다.

$$13 + 11 + 4 + 6 = 34$$

5. 이 마방진의 모퉁이에 있는 네 수의 합을 구해보자.

6. 네 수를 더해서 그 합이 34가 되는 또 다른 방법을 찾아보자. 아래에 두 가지 방법이 있다.

a. 1 + 8 + 9 + 16 = 34. 이 수들을 연결하는 선을 그려서 평행사변형을 만든다. 평행사변형을 만들 수 있는 다른 네 수의 조합을 찾아보자.

b. 13 + 2 + 4 + 15 = 34. 이 수들을 연결하는 선을 그려서 이등변사다리꼴을 만든다. 이등변사다리꼴을 만들 수 있는 다른 네 수의 조합을 찾아보자. 그림 11

이 마방진이 *PANMAGIC*이라는 것에 동의하는가?

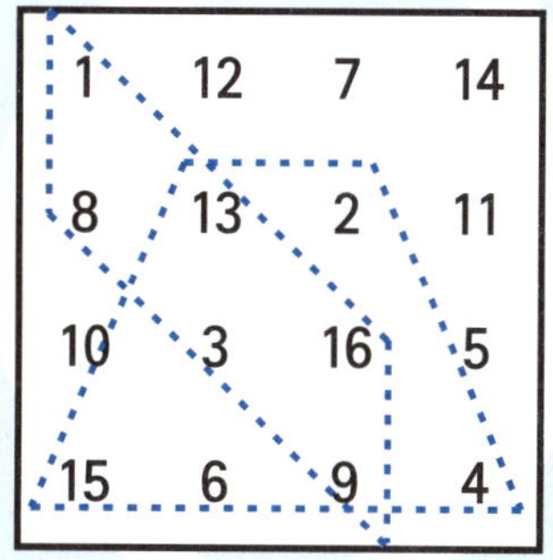

Panmagic 마방진 :
평행사변형과 이등변사다리꼴
그림 11

5

사람들이 측정하는 방법

한 물체의 길이가 3피트(feet: 영어 족을 의미하는 foot의 복수)라고 말할 때, 실제 족*foot*에 대하여 말하고 있는 것인가? 아주 오래 전에 누군가가 족을 측정 단위로 설정하였고, 이 측정 단위를 풋*foot*이라고 불렀기 때문에, 미국인들은 아직도 풋을 측정 단위로 사용하고 있다.

모든 사람이 동의할 수 있는 표준 단위가 있기 이전에 사람들은 실제로 손가락, 손, 팔, 다른 신체의 부분들을 측정 단위로 이용했었다. 이 장을 통해 로마의 족*foot*, 이집트의 큐빗*cubit*에 대해서 알게 될 것이다.

이 장에서는 켄터키 주에서 통나무집을 짓는 개척자가 된 것처럼 생각해야 한다. 그러고 나서, 북미 최북단의 원주민인 이로쿼이족 연맹의 일원이 되고, 이 마을을 위한 긴 집*long-house*을 설계하는 것이 과제가 될 것이다.

실제로 자신이 연주할 수 있는 팬파이프를 만들 것이다. 물론, 아마도 남아메리카 안데스 고원의 악기 전문가처럼 연주를 잘할 수는 없지만, 몇 가지 음을 내고 재미를 찾기에는 충분할 것이다.

이 장에 있는 마지막 활동으로 다시 현시점으로 돌아오게 된다. 우리는 지구상에 존재하는 모든 생명체의 생명에 반드시 필요한 물을 어떻게 절약할 수 있을까?

고대 로마의 표준 단위

자신의 손을 이용하여 무엇인가가 얼마나 큰지 보여준 적이 있는가? 신체의 다른 부분을 이용하여 크기나 거리를 측정해본 적이 있는가?

자와 줄자가 개발되기 오래 전에, 사람들은 자신들의 신체 일부분을 이용하여 사물들을 측정하였다. 미국인들은 아직도 측정 단위로 족*foot*이라는 단어를 사용하고 있다. 자신의 발이 우리가 "족"이라고 부르는 단위만큼 긴가?

작은 마을에 사는 사람들은 물물교환으로 물건들을 교환하곤 했다. *Mary*는 자신의 달걀 한 바구니를 가지고 *Harry*의 사과 한 바구니와 교환하였을 것이다. 천은 거래 당사자들의 팔의 길이로 측정되었을 것이다. 그러나 누구의 팔이 측정 단위가 되었을까? *Mary*가 *Jane*으로부터 천을 구입할 때, *Mary*는 남편의 팔의 길이가 자신의 팔의 길이보다 길기 때문에 남편의 팔을 측정 단위로 사용하기를 원한다. 그러나 이 천을 짠 *Jane*는 *Mary*의 팔보다 자신의 팔이 더 짧기 때문에 자신의 팔을 사용하기를 원했을 것이다.

무역이 증가함에 따라, 사람들은 표준 단위를 설정할 필요가 있다는 것을 깨달았다. 15세기와 16세기에 무역은 이탈리아의 도시들 사이에서 성장하였다. 팔의 길이인 *braccia*가 측정의 표준 단위가 되었다. 그러나 *braccia*의 길이는 도시들마다 달랐다. 고정된 길이는 구매자와 판매자 사이의 평화를 유지하는 데 필수적이었다.

고대 로마인들은 훌륭한 건축가이자 기술자였다. 그들의 건물들 중 몇몇은 2000여 년이 지난 오늘날까지도 여전히 건재하다. 이 로마인들이 "족"이라는 측정 단위를 개발하였다. 로마인의 언어인 라틴어로, 족에 해당하는 단어는 *pes*이다. 족의 복수인 피트*feet*의 라틴어는 *pedes*이다. 엄지손가락의 너비를 나타내는 말은 *unica*였다. 영어의 인치*inch*는 라틴어의 *unica*로부터 왔다. 12인치가 1족인 것처럼, 12*uncia*는 1*pes*와 같다.

모든 사람들이 족과 인치의 단위 길이에 동의해야만 한다. 이들은 표준 단위가 필요했다.

그런데 표준 단위가 있을 때조차, 사람들은 측정하는데 자신들의 신체의 일부를 여전히 이용할 것이다. 예를 들어, 내 어머니가 1야드 *yard*의 리본을 추정할 필요가 있을 때, 어머니는 오른손에 리본 실패를 잡고 오른손을 쭈욱 펼쳐서 실패를 풀어가면서 다른 끝이 자신의 코끝에 닿을 때까지 풀어 갈 것이다. 나의 어머니는 수백 년 전에 영국의 에드가 왕이 우리가 1야드라고 부르는 단위를 설정하기 위해서 이 방법을 사용했다는 것을 알지 못했다.

자기만의 족자 만들기

준비물

- 자기 발보다 긴 마분지 조각
- 연필, 가위, 종이

자 만들기

1. 신발을 벗는다.
2. 마분지에 자기 발을 대고 윤곽선을 그린다.
3. 윤곽선을 따라 오려낸다. 이것이 자신의 개인 족자가 되는 것이다.

생각해 보고 실행하기

1. 파트너와 함께 활동한다. 파트너에게 자신의 족자를 주고 키를 측정하도록 한다. 그러고 나서, 아래의 문장을 종이에 베껴 적고 빈 칸을 채운다.

   내 키는 내 족의 (　　　)배이다.

2. 자신의 족을 측정 단위로 사용한다. 발뒤꿈치를 벽에 대고 선다. 10족(족 : 발뒤꿈치에서 발가락까지)을 걷는다. 연필이나 다른 물체로 도착점을 표시한다. 표준 족자를 이용해서 이 거리를 측정하고 그 값을 적는다. 그러고 나서, 친구에게 똑같은 것을 하도록 한다. 개인적 족걸음 길이와 친구의 족걸음 길이를 비교한다. 누구의 것이 더 큰가? 이들 두 수는 친구의 족의 길이와 비교해서 자신의 족의 길이에 대해서 무엇을 말해주고 있는가?
3. 족(또는 피트)은 라틴어에서 파생한 영어이다. 이런 영어 단어 목록을 작성해 보자. 예를 들어, *pedal*. *ped*-로 시작하면서 *feet*와 관련된 더 많은 단어들을 생각해 낼 수 있는가?

고대 이집트의 표준 단위

고대 이집트인들은 측정에 표준 단위를 적용시킨 최초의 사람들일 것이다. 약 4600년 전 만들어진 파라오 쿠푸*Khufu*의 거대 피라미드는 고대 7대 불가사의 중 하나로 여겨진다. 이 건축물을 지은 사람들은 피라미드를 짓기 위해 표준 단위가 필요했다. 그들은 큐빗*cubit*이라 부르는 단위를 사용했는데, 이 단위는 팔꿈치 끝부터 중지 끝까지의 길이였다. 로열큐빗은 공공 기념물을 건축하는데 사용되었다. 일상생활을 위해서 이집트인들은 좀더 짧은 큐빗을 가지고 있었다.

로열큐빗*royal cubit*은 52*cm*(21*inches*)였고, 약 7손바닥*palm*이었다. 손바닥*palm*은 4개의 손가락의 너비를 말한다. 1큐빗은 우리가 사용하는 야드자나 미터자처럼 일정한 크기로 만들어진 화강암 막대 큐빗자로 측정되었다.

생각해보고 실행하기

1. 자신의 큐빗을 측정하고 그 길이를 적어보자. (반올림하여 자연수인 *cm*로 나타낸다.) 이집트의 로열큐빗과 비교해보고 그 결과를 써보자.
2. 이집트의 손바닥*palm*은 몇 *cm*인가? 자신의 손바닥*palm* 너비를 측정해보자. 이집트인의 손바닥과 비교해보고 그 결과를 써보자.
3. 자신의 손바닥*palm*자를 만들고, 4등분해보자. (80쪽의 족자를 만드는 방법과 동일하다.) 손바닥*palm* 단위로 책, 연필, 책상 같은 물체의 너비와 길이를 측정해보자. 측정한 값들을 써보고 동료들과 손바닥*palm* 단위로 측정하는 활동을 해보자. 표를 살펴보고 완성하면 된다.

물체	특성	측정	단위
수학책	너비	________ 손바닥*palms*	________ 손바닥*palms*
수학책	길이	________ 손바닥*palms*	________ 손바닥*palms*

미국의 통나무집

오늘이 1800년이라고 하자. 몇몇 가족들이 버지니아 주에서 켄터키 주로 이주했다. (켄터키는 8년 전 미국의 주가 되었다.) 가족들은 사방이 숲으로 둘러싸여 있다는 것을 발견한다. 이들은 나무를 잘라서 통나무집*Log Cabin*을 지어야만 한다. 스스로 모든 일을 해야만 했는데 결코 쉬운 일은 아니었다.

그들은 각 바닥이 직사각형 모양으로 된 집을 짓기로 결정한다. 그들은 그들이 만들 수 있는 가장 큰 직사각형을 만들기를 원했다. 또한 가능한 적은 양의 나무를 자르기를 원했다.

각 바닥을 위한 가장 좋은 모양을 결정하기 위한 다음의 실험을 해보자.

넓이와 둘레에 관한 실험

준비물

- 두꺼운 종이나 마분지
- 줄이 있는 종이
- 자 • 연필 • 가위

실험 실행하기

1. 종이에 자를 대고 줄을 그어 정사각형 16칸을 그린다. 각 정사각형의 한 변의 길이는 적어도 2.5cm가 되도록 한다.
2. 16조각을 오린다.
3. 가능한 여러 가지 방법으로 이 16개의 정사각형들을 배열하여 직사각형을 만든다. 3개의 서로 다른 방법을 찾아내야 한다.
4. 각 배열에서 행의 수, 각 행에 있는 정사각형의 수, 둘레의 길이를 정사각형의 변의 길이를 단위로 하여 적는다.
5. 아래에 있는 표를 베끼고 완성한다. 첫 번째 행은 제시해 두었다. 두 번째 행과 세 번째 행을 완성해보자.

열	각 행에 있는 정사각형의 수	둘레의 길이
1	16	34 단위

생각해 보기

1. 어떤 직사각형의 둘레의 길이가 가장 작은가? 이 직사각형에 주어진 특별한 이름은 무엇인가?
2. 직사각형의 둘레의 길이는 얼마인가? 둘레의 길이는 직사각형의 외곽의 실이다.
3. 직사각형의 넓이는 얼마인가? 넓이는 단위 넓이, 즉 주어진 정사각형의 수이다.
4. 나무를 베는 것은 힘든 일이다. 이 가족들은 가능한 적은 수의 나무를 베길 원한다. 이 가족들이 가능한 가장 넓은 공간을 원한다면, 어떤 모양으로 건물을 지어야 하는가? 이들이 자신들의 집의 모양을 계획할 때, 이들이 그밖에 무엇을 더 고려해야 하는가?
5. 자신의 집과 이웃에 있는 집들을 살펴본다. 대부분의 건물들에 있는 바닥의 모양은 어떤 모양인가?

캐나다와 뉴욕의 이로쿼이족의 긴 집

이로쿼이족의 긴 집
그림 1a

이로쿼이족은 자신들을 스스로 긴 집에 사는 사람들*Haudenosaunee*이라고 불렀다. (이들은 또한 이로쿼이 6부족 연맹이라고 불렀다.) 그들은 뉴욕 주의 북부, 온타리오와 퀘벡 주의 남부에 살고 있다. 하지만 이들은 직장 때문에 다른 지역으로 가기도 한다. 지난 60여 년간, 이로쿼이족 남자들은 뉴욕시의 마천루들을 건설하기 위해 지상으로부터 높은 곳까지 올랐다. 6부족 중의 하나인 모호크족*Mohawk*은 특히 그 명성이 자자했다. 예를 들어, 그들은 110층의 쌍둥이 빌딩(세계무역센터)을 짓는데 참여하였고, 2001년 9월 11일 세계무역센터 두 건물이 무너졌을 때에도 약 100여 명의 모호크족의 강인한 노동자들이 어려운 재난복구에 수개월간 참여하였다.

약 1800년대까지, 이 긴 집에 사는 사람들은 긴 집에 살았다. 어린나무와 나무껍질로 만든 이 건물은 길이가 110~240피트에 달하고 높이가 20피트였다. 이 집은 몇몇 친척들이 함께 거주하였다. 오늘날, 이 긴 집은 주로 의식에 사용된다.

긴 집의 건축은 주의 깊게 계획되어야 한다. 이 긴 집은 중앙을 가로지르는 복도가 있다. 각 가정을 위한 공간은 이 중앙복도로부터 시작한다. 그림 1a (47쪽에 있는 북아메리카의 이로쿼이족 달력 활동 참고)

긴 집 설계하기

우리는 이 마을을 위해 긴 집을 설계하는 과제를 부여 받았다. 여러 가지 서로 다른 바닥을 계획하고 있다. 방이 몇 개 필요한지 결정하여 보자. 아래의 표는 긴 집의 길이와 너비의 치수에 대해 몇 가지를 제안하고 있다.

모델	길이	너비	중앙복도 너비	총 넓이	총 둘레
A	30m	6m	1m		
B	40m	7m	1m		

준비물

- 줄이 있는 종이
- 1/2 인치 또는 cm 모눈종이
- 연필 • 펜 • 자

바닥 그리기

1. 줄이 있는 종이에 앞 쪽의 표를 베끼고, 이 표를 완성한다. 각 모델의 총 넓이와 둘레의 길이를 구한다. 둘레의 길이는 긴 집의 둘레의 거리를 미터로 나타낸 것이다. 넓이는 둘레 내부에 포함된 단위제곱미터의 수이다. 82쪽의 통나무집 활동을 참고하기 바란다.
2. 이 두 모델을 그리기 위한 축적을 결정해보자. 두 모델에 같은 축척을 사용하도록 한다. 축척은 모눈종이의 한 단위로 표현되는 미터단위이다. 예를 들어 1cm=3m.
3. 개별적인 모눈종이 위에 각 바닥을 그려보자. 이 바닥을 세분하여 방을 표시하고, 축적을 적어보자. 각 방의 크기를 포함해서 바닥의 치수를 표시해보자.

생각해보고 실행하기

1. 긴 집에 사는 사람들이 긴 집을 지을 때 이 사람들은 어떤 요소들을 참고해야만 했겠는가?
2. 이로쿼이 6부족 연맹의 역사를 조사해보자. 각 부족은 오늘날 어디에 위치하고 있는가? 의식을 위해 사용하던 건물, 즉 중심역할의 긴 집은 어디에 있는가?
3. 오래전 이야기꾼은 잠자리에 들 때 아이들을 불러 모았을 것이다. 그는 동물이나 거인들의 이야기를 하였을 것이다. 이로쿼이족의 이야기를 찾아보자.
4. 이로쿼이족의 긴 집을 설계하고 지어보도록 한다. 뉴욕시의 7학년 학생인 *Yasmin*은 아이스크림 막대를 사용하여 긴 집을 지었다. 그림 1b

*Yasmin*이 지은 긴 집
그림 1b

남아메리카의 팬파이프

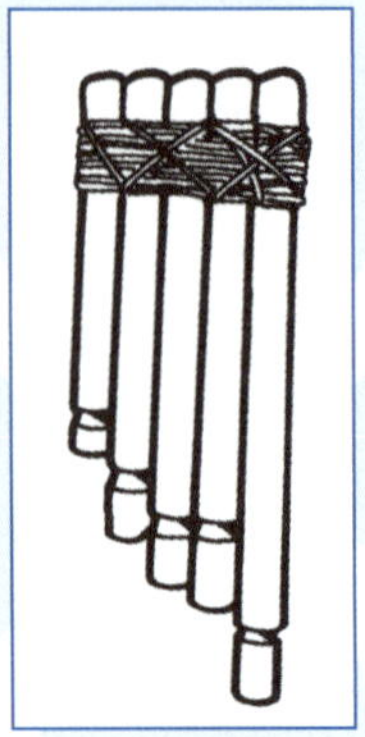

브라질의
대나무 팬파이프
그림 2a

페루의 돌 팬파이프
그림 2b

가장 초기에 만들어진 것으로 알려진 악기들 중에는 팬파이프가 있다. 팬파이프의 이름은 그리스 신화에 나오는 목양신(牧羊神)인 *Pan*의 이름을 딴 것이다. 팬파이프는 서로 다른 길이의 여러 관들을 한데 묶어 놓은 것이다. 연주자는 이 악기를 연주하기 위해 파이프의 윗부분을 분다. 각 음의 높낮이는 파이프의 길이에 달려있다. 파이프의 길이가 길면 길수록 낮은 음을 낸다. 그림 2a, 그림 2b

팬파이프는 보통 대나무같이 속이 빈 나무로 만들어진다. 팬파이프는 남아메리카 안데스산맥 지역에 널리 퍼져있다. 몇몇 음악가들은 음악의 복잡한 악보를 연주하는데 자신들의 재능을 사용한다. 한 팬파이프는 고음, 다른 팬파이프는 저음, 그리고 또 다른 팬파이프는 매우 낮은 음을 연주한다.

파이프 5개로 되어 있는 팬파이프를 만들고 이것으로 떴다 떴다 비행기*Mary had a little lamb*를 연주할 수 있다. 팬파이프는 음계로 조율되어 있다. 우리는 이 중 가장 낮은 음을 C, 다음을 D, G까지 나타낸다. 한 음이 다른 음과 비교하여 맞게 나는지 주의 깊게 관찰해보자. 이는 산술적인 활동이 될 것이다.

피아노 또는 다른 악기의 C에 맞춰진 C라고 이름 붙여진 파이프는 길이가 16cm라야 한다. (길이를 2배하고 C 파이프가 32cm가 되도록 한다.)

준비물

- 종이
- 빨대 5개
- cm자
- 가위
- 연필
- 보호테이프나 다른 접착테이프

팬파이프 만들기

1. 종이 위에 왼쪽으로부터 C, D, E, F, G를 쓴다. 글자 사이에는 계산을 위한 공간을 띄워 둔다.
2. 가장 긴 빨대는 16cm가 되어야 한다. 이것은 C 빨대라 부르기로 하자. 이 빨대의 나머지 부분을 잘라낸다. C 옆에 이 빨대의 길이를 적는다.

3. D 빨대의 길이는 C 빨대의 길이의 8/9이다. 16에 8/9를 곱하고 답을 써 넣는다. 그 과정도 보인다. D 빨대의 길이는

$$16 \times 8/9 = (16 \times 8) \div 9$$
$$= 128 \div 9 = 14.2\text{cm}$$ 이다.

4. 다른 빨대도 같은 방법으로 한다. 그 비율은 아래와 같다.

   E길이 = C길이×4/5
   F길이 = C길이×3/4
   G길이 = C길이×2/3

5. 그림 3과 같이 빨대들을 가장 짧은 것부터 긴 순서대로 서로 테이프로 붙인다. 잘리지 않은 끝을 잘 맞춘 뒤 빨대 사이에 약간의 공간을 남겨둔다. 이 빨대들은 불 수 있다. 빨대 주변을 테이프로 감는다. 빨대를 일직선으로 놓기 위해 테이프 아래 납작하게 만든 빨대나 마분지 한 조각을 넣을 수도 있다.

생각해보고 실행하기

1. 팬파이프를 연주해 보자. 입술을 약간만 벌리고, 각 빨대 끝에 숨을 불어넣어보자.
2. 떴다 떴다 비행기를 연주해보자.

   E-D-C-D-E-E-E
   D-D-D / E-G-G
   E-D-C-D-E-E-E
   E-D-D-E-D-C

   다른 곡들도 시도해 보고, 자신의 곡도 시도해보자.
3. 고대 그리스 과학자 피타고라스는 약 2500년 전에 살았다. 역사가들은 그가 과학실험을 고안한 최초의(혹은 우리가 아는 한에서 최초의) 사람이라 생각했다. 그는 악기가 내는 여러 가지 음들이 줄의 길이의 비율에 따라 달라진다는 것을 알아냈다. 우리가 팬파이프를 만든 비율도 바로 그것이다. 인터넷이나 백과사전에서 피타고라스에 대하여 찾아보자.
4. 같은 크기와 모양의 텀블러*Tumbler* 유리잔을 몇 개 준비한다. 유리잔 안에 각각 다른 양의 물을 채우고, 금속스푼으로 잔의 끝을 두드려 보자. 각각의 음이 다른 것에 주목해야 한다. "떴다 떴다 비행기"를 유리잔으로 연주할 수 있는가? 알맞은 음높이가 되도록 물의 양을 조절해 보자.
5. 팬파이프의 이름이 그리스의 목양신인 *Pan*에서 딴 것인지 그 이유를 찾아보자.
6. 팬파이프를 연주하는 남아메리카 그룹 음악가들의 음악을 연주해보자. 아마도 인터넷에서 이런 종류의 음악을 찾을 수 있을 것이다.

나의 팬파이프
그림 3

세계인을 위한 물절약

우리는 우리가 원하는 만큼의 물을 사용하고 있다. 수도꼭지를 틀기만 하면 물이 나온다. 하지만, 잠깐! 우리는 수천 년 전 사람들이 사용하였던 물을 사용하고 있는 중이다. 물은 생겨나지 않는다! 이 세상의 어떤 곳에서는, 심지어 미국에서조차도, 사람들은 자신들이 필요로 하는 만큼의 물을 얻을 수 없다. 많은 곳에서 사람들은 대기업으로부터 결코 적지 않은 가격을 주고 물을 구입하여야 한다. 그래서 우리는 물을 사용하는데 주의를 기울여야 한다.

가족 중에 물을 사용하는 동안 수도꼭지를 계속 틀어 놓는 사람이 있는가? 예를 들어, 양치질을 할 때 수도꼭지를 잠그지 않고 계속 물을 틀어놓는가?

*Zena*와 *Chen*은 자신들이 양치질을 하는 동안 수도꼭지를 잠근다면 얼마만큼의 물을 절약할 수 있는지 알아보기로 결정하였다. 그들은 수도꼭지를 열고 8온스236*ml*가 가득 찰 동안의 시간을 쟀다. 3초였다. 그 후 그들은 *Zena*가 양치질을 하는 시간을 측정하였다. 2분이었다.

계산해야 할 것들

1. *Zena*가 양치질을 하는 동안 열린 수도꼭지에서는 물이 얼마만큼 흘렀을까? 계산기를 사용해도 좋다. 계산한 과정을 적어보자.
2. *Zena*는 양치질을 하기 위해 물 한 컵이 필요했다. 얼마만큼의 물이 그냥 낭비되었는가?
3. *Zena*는 하루 2번 양치질을 합니다. 얼마만큼의 양이 매일 낭비되고 있을까? 일주일 또 1년간 낭비되는 물의 양을 생각해보자.

해답을 154쪽에서 확인할 수 있다.

생각해보고 실행하기

1. 우리가 물을 사용하는 방법에 대해 생각해보자. 예를 들어, 샤워를 하거나 설거지를 할 때 물을 절약하기 위한 방법을 찾을 수 있는가?
2. 우리는 어떤 다른 방법으로 물을 절약하는 방법을 찾을 수 있을까? 지역사회는 재활용 정책을 가지고 있는가? 어떤 종류의 물품이 재활용되고 있는가? 어떤 방법으로 이루어지고 있는가? 지역사회는 쓰레기에는 어떤 일이 일어나고 있습니까?
3. 우리의 학교 또는 이웃에 재활용하는 일을 하는 모임이 있는지 찾아보도록 하자.
4. *Philip Mendez*가 집필한 『***Snowman***』이라는 책을 읽어보자. 이 이야기에서 한 소년이 자신의 어머니를 위한 선물을 마련하기 위해 캔과 병을 재활용하면서 자신의 아프리카 유산에 대해서 공부한다.

6

점, 줄, 종이띠로 해결하는 퍼즐

세계 곳곳의 사람들은 일단의 점들을 이용해서 무늬를 그렸다. 매우 자주, 사람들은 무늬들을 모래 위 또는 흙 위에 그렸다. 물론, 그런 그림들은 오래 보존되지 않는다. 서아프리카의 여러 지역에 있는 소년들은 점 정사각형에서 시작하는 "줄릴데*Julirde*"라는 게임을 한다. 이 게임의 목표는 특정한 특징을 갖는 모양을 만드는 것이다. 남아프리카의 최남단에 있는 앙골라의 어린이들은 여러 이야기들을 들음으로써 교훈을 배운다. 이야기꾼, 일반적으로 존경받는 어른이 자신의 이야기를 죽 말하면서, 그는 점 격자무늬에 소나*sona*라고 불리는 그림을 그려서 자신의 이야기를 묘사한다. 인도의 남부 지방에서는 콜람*Kolam* 무늬를 그리는 기술을 배운다. 이 무늬는 손님을 환영하는 의미를 담고 있으며 집의 문지방 위에 그려진다. 이 무늬들은 점 격자무늬로 시작한다.

중국과 아프리카에서 모두 인기 있는 구슬*과 줄로 하는 퍼즐은 진정한 도전을 제공한다. 처음에, 나는 이것을 나 혼자서 하면서 어려움을 겪었었다. 그래서 나는 설명을 명확하게 하려고 노력했다. 일단 이 퍼즐에 능숙해지면, 친구를 놀라게 할 수 있다.

친구를 놀라게 할 수 있는 또 다른 묘책은 뫼비우스의 띠라고 불리는 종이 고리를 이용하는 것이다. 어떤 방법으로 띠를 잘랐을 때의 결과를 보고 놀라게 될 것이다. 이 묘책은 독일로부터 왔다.

지도에서 이 지역들과 나라들을 모두 찾아보도록 하자.

* 여기서 구슬은 아이들이 가지고 노는 구 모양의 것이 아니고 염주알처럼 가운데 구멍이 나 있는 것을 의미한다.

서아프리카의 **줄릴데**

서아프리카의 풀베족*Fulbe* 소년들은 줄릴데*Julirde* 즉 "회교사원의 게임"을 한다. 풀베족은 주로 소 목동들이다. 그들은 자신들의 동물들의 먹이를 구하기 위해 이곳저곳을 옮겨다닌다. 그들은 세네갈과 카메룬에 이르는 광대한 지역에 살고 있다. 여자아이들이 다른 일을 하는 동안 남자아이들은 소를 돌본다. 이 게임은 소를 돌보는 남자아이들에게 긴장을 늦추지 않게 해주며, 소가 풀을 뜯어 먹는 동안 시간을 보낼 수 있도록 해준다.

풀베족은 영어로 풀라니족*Fulani*이라고 불리며 깊은 역사를 지니고 있다. 그들의 조상은 몇몇 아프리카 왕국들의 통치자였다. 11세기에 많은 풀베족은 종교를 이슬람*Islam*으로 개종하였다. 이슬람이라는 단어는 평화를 의미한다. 회교사원*mosque*은 이슬람 신봉자의 기도장소이다. 이것이 이 게임의 이름을 설명해 준다.

풀베족 남자아이들이 논 게임 규칙을 소개한다. 이들은 게임판을 흙 또는 모래에 그렸다. 종이와 연필 또는 지오보드(점판)를 이용해도 좋다.

게임의 규칙

1. 9×9의 정사각형 형태의 격자점들을 그려보자. 그림 1
2. 모든 점들을 연결하는 닫힌 고리를 그려보자. 그린 선을 되돌아가서는 안 된다. 한 점에서 다른 점으로 이동할 때, 같은 열이나 행에 있는 점으로 이동해야만 한다. 대각선 이동은 허용되지 않는다. 고리는 처음 시작했던 지점에서 끝나야 한다.
3. 정사각형의 각 변에는 사람들이 회교사원으로 들어갈 수 있는 열린 공간이 반드시 있어야 한다. 그림 2에서 각 열린 공간은 "E"자로 표시되어 있다.
4. 만약 정사각형의 한 변이 홀수의 점을 가지고 있다면, 가장 중앙의 점은 게임에 사용하지 않는다.

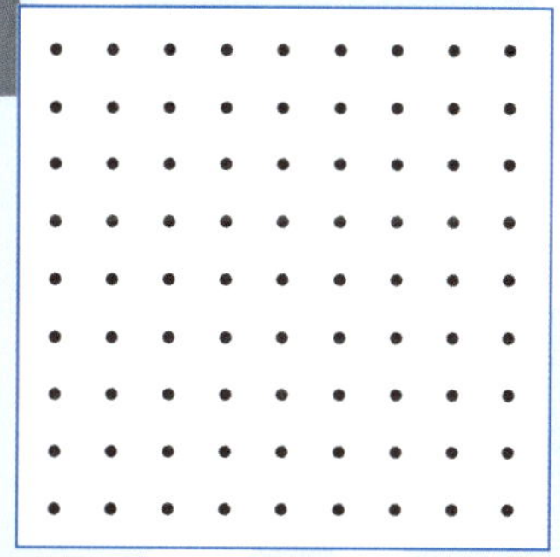

9×9 정사각형 격자점
그림 1

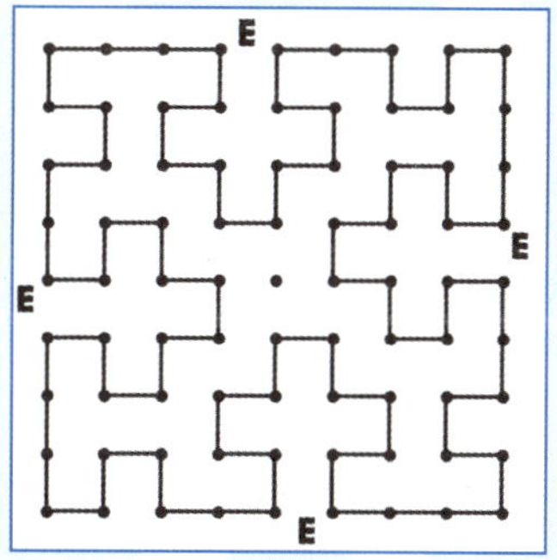

회전 대칭이 있는
9×9 격자판 위의 줄릴데
그림 2

출처: Teaching Children Mathematics의 Paulus Gerder가 쓴 *Exploring the Game of Julirde*

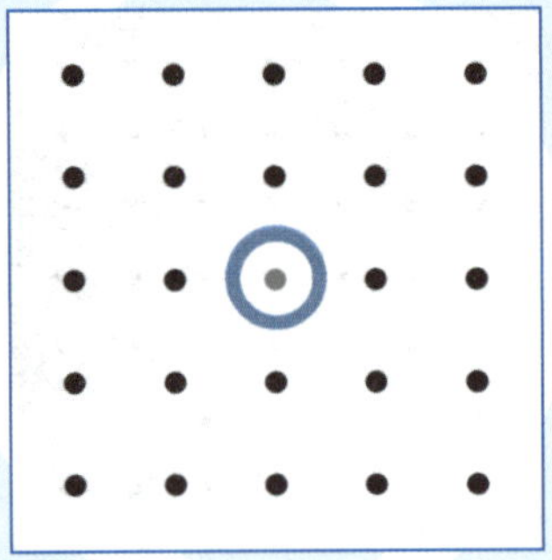

5×5 정사각형 격자점
그림 3

5. 이 게임의 그림은 반드시 대칭적이어야 한다. 즉, 정사각형의 각 변에서 바라보았을 때 그림은 같아보여야 한다.

그림 2에 있는 줄릴데는 복잡해 보이지 않는가? 걱정하지 않아도 된다. 보다 간단한 형태로 게임을 시작할 수 있다. 살펴보아야 할 몇 가지 사항은 다음과 같다.

- 고리는 닫혀있다. 고리는 처음 시작점으로 돌아와야 한다.
- 고리는 가운데 점을 제외하고 모든 점을 지나간다.
- 이어지는 선은 똑바로 나아가거나 90도 회전을 해야 한다.
- 어떤 선도 되돌아갈 수 없다.
- 회교사원(정사각형)의 4개의 변에는 적어도 1개의 열린 공간이 있다.
- 그림 2는 주어진 정사각형의 4변의 어느 방향에서 보아도 모양이 같다. 이 그림은 회전 대칭이다. 확인해 보기 위해, 그 종이를 90도 회전시키고, 시작점이 다시 돌아올 때까지 계속 회전시켜본다. 이 정사각형의 모든 변에서 바라본 모습이 같은 것임을 알게 될 것이다.

이제 보다 쉬운 형태의 줄릴데 게임을 시작해보자.

준비물

- 점 종이(점 종이를 학교 물품 판매소에서 구입할 수 있다. 만약 점 종이를 구하지 못한다면, 모눈종이나 줄 종이를 이용하면 된다.)
- 연필
- 지우개

줄릴데 게임하기

1. 5×5 정사각형 형태의 격자점을 그려보자. 가능하다면 점 종이를 이용한다. 점 종이가 없다면, 모눈종이나 줄 종이에 점을 그린다.
2. 중앙의 점 주변에 동그라미를 그린다. 이 점은 게임에 이용되지 않는다. 그림 3
3. 모든 점을 연결하면서 정사각형의 각 변에 열린 공간을 만들고, 모든 점을 연결한 닫힌 고리를 그린다.
4. 그림이 대칭으로 그려졌는가? 즉, 정사각형의 각 변에서 바라보았을 때 같은 모양인가?

정확하게 그림을 그리기 전에 몇 번의 연습이 필요할 것이다. 연습을 통해서 어떤 것이 효과가 있고, 어떤 것이 효과가 없는지를 배울 수 있다. 포기하지 마라!

생각해보고 실행하기

1. 3×3 격자점에 줄릴데를 그려보자. 그런 후 4×4 격자점에 줄릴데를 그린다. 4×4의 모든 변에 열린 공간을 만들 수 있는가? 마주보는 두 개의 변에만 열린 공간이 있도록 그림을 그릴 수 있는가?
2. 5×5 격자점에서 그림을 그린다.
3. 6×6 격자점에서 줄릴데 그림을 그린다. 자신의 그림이 네 개의 방향에서 대칭이 아닐 수도 있다. 그렇다면 자신의 그림에 대칭이 있는지 찾아보자. 만약 자신의 그림을 중앙에서 밑으로 접는다면, 어느 반쪽이 다른 반쪽과 모양이 같은가? 이 중앙선을 대칭축이라고 한다. 만약 자신의 그림이 어떤 대칭도 가지지 않는다면, 다시 시도해 보도록 한다. 그림 4
4. 7×7, 8×8, 9×9 등과 같이 다른 크기의 격자점에서 그려보자. 자신이 그린 그림들이 대칭인가? 이 그림들은 어떤 유형의 대칭을 가지고 있는가?
5. 보통 어느 그림들이 회전대칭이 되는가? 어떤 그림들이 선대칭이 되는가?
6. 친구와 함께 게임을 해보자.

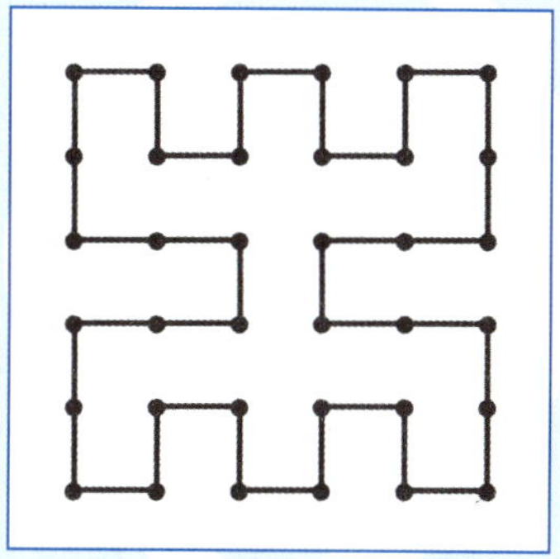

선대칭이 있는
6×6 격자점 위의 줄릴데
그림 4

중국과 서아프리카의 구슬과 줄로 하는 퍼즐

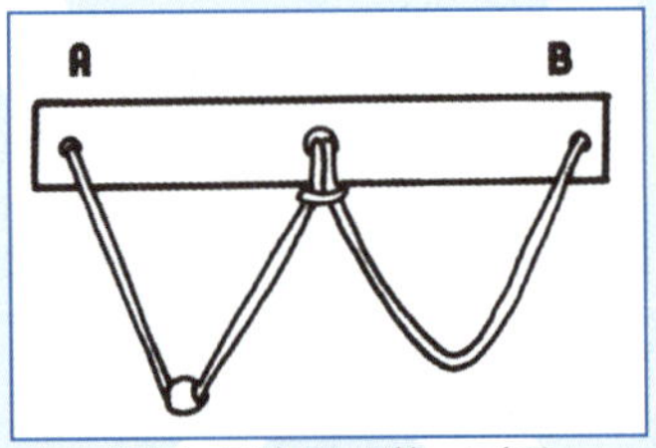

줄과 구슬로 하는 퍼즐
그림 5

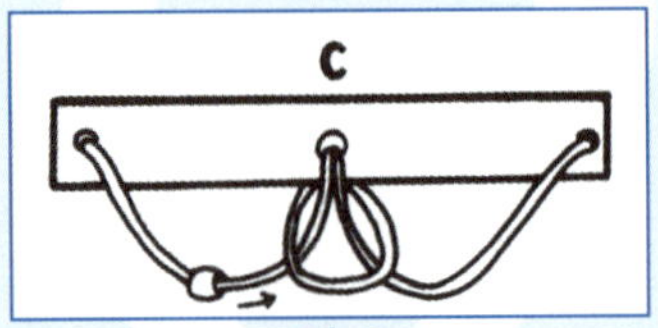

그림 6a

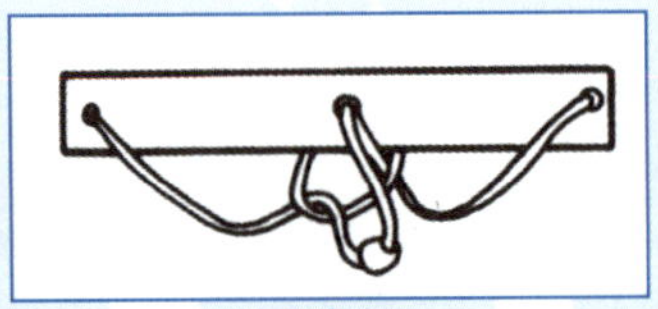
그림 6b

저술가 *Wei Zhang*은 자신의 고향인 중국과 여러 나라에서 다양한 퍼즐을 수집했다. (156쪽의 참고문헌 참조). 다른 퍼즐들도 그렇지만, 이 퍼즐은 중국과 서아프리카 지역에서 역사가 깊다. 이 퍼즐의 요령은 구슬이나 반지를 한 쪽 줄에서 다른 쪽으로 옮기는 것인데, 이 퍼즐판의 중앙 구멍은 너무나 작아서 이 구슬이 통과할 수 없다. 어떻게 구멍을 통과하지 않고, 구슬을 한쪽에서 다른 쪽으로 옮길 수 있을까?

중국 사람들은 철사나 줄을 이용해 이 퍼즐을 만들었다. 또 중앙에 구멍이 뚫린 고대 중국 동전을 이용했다. 부자들은 상아 봉과 구슬을 이용해 이 퍼즐을 즐겼다. 서아프리카 시골지역에서는 나뭇가지와 덩굴식물을 엮어 줄을 만들었고, 점토로 구슬을 만들었다. 우리도 퍼즐을 만들어 즐길 수 있다. 그림 5

준비물

- 5cm×25cm 크기의 두꺼운 판지나 포스터지
- 75cm 길이의 두꺼운 줄
- 자
- 가위나 칼
- 큰 구슬 또는 반지

퍼즐 만들기

1. 그림에서 보는 바와 같이 판지에 3개의 구멍을 뚫는다. 가운데 구멍은 줄 4가닥이 통과될 정도로 크게 뚫는다. 만약 칼을 이용한다면, 어른의 도움이 필요하다.
2. 줄을 반으로 접은 후, 갈래가 없는 쪽 부분을 판지의 중간 구멍 앞에서 뒤로 통과시켜 고리를 만든다.
3. 줄의 양쪽 갈래를 고리에 통과시켜 빼 놓는다.
4. 구슬을 한쪽 줄 끝에 위치시킨 후, A라고 표시된 구멍으로 줄을 꿴다.

5. A구멍에 있는 줄을 매듭지어 묶는다. 만약 줄이 엉키게 되었을 때, 쉽게 풀기를 원한다면 리본으로 묶어도 좋다.
6. 다른 쪽 줄도 B구멍에 넣고 매듭지어 묶는다.

퍼즐 풀기 그림 6a, 6b, 6c, 6d, 6e, 6f

1. 고리를 C쪽으로 당긴다. 그림 6a
2. 그림 6b에 있는 것처럼, 구슬을 고리로 통과시킨다.
3. 줄들이 퍼즐판 뒤에서 겹쳐져 있다. 이 줄을 뒤에서 앞으로 구멍 C에서 잡아당긴다. 그래서 네 줄이 이 구멍을 통해서 빠져 나와 그림 6c에서 볼 수 있는 것처럼 2개의 고리를 형성하도록 한다. 자신의 손가락을 이 두 고리에 넣는다.
5. 퍼즐판 뒤쪽을 잡고, 줄을 C구멍에서 다시 빼낸다.
6. 구멍 B로부터 줄을 쫓아간다. 그림 6e에 있는 것처럼, 구슬을 왼쪽에서 오른쪽으로 이 구슬을 통과시킨다.
7. 그림 6f에 있는 것처럼, 구슬이 구멍 B에 있는 줄에 있다. 퍼즐을 해결한 것이다!

생각해보고 실행하기

1. 이번에는 지시사항을 읽지 말고, 오른쪽에서 왼쪽으로 구슬을 옮겨보자. 필요하면 그림을 봐도 된다.
2. 퍼즐을 푸는 동안, 이 줄에 있는 매듭에 어떤 일이 발생하는지 알아보자.
3. 이 퍼즐을 여러 명의 친구에게 설명하자. 이 친구들에게 구슬을 퍼즐판의 다른 쪽으로 옮기는 과제에 도전해 보도록 하자.

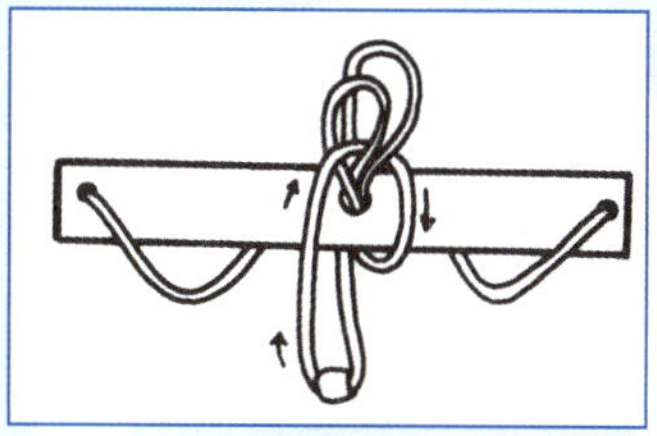

그림 6c

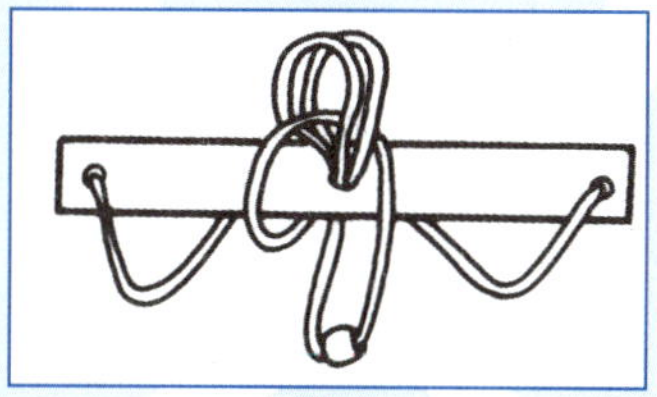

그림 6c

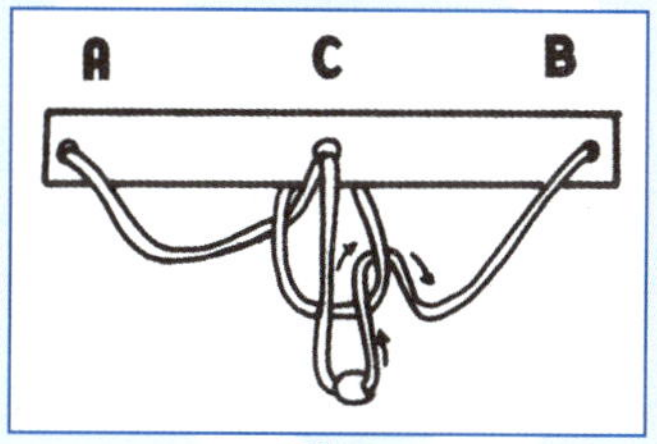

그림 6d

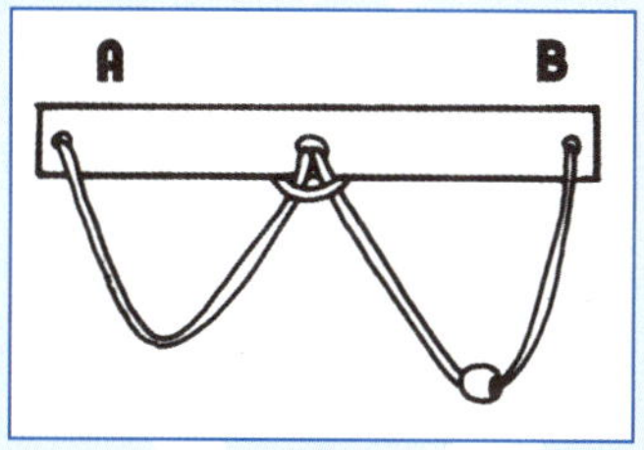

그림 6f

독일의 뫼비우스 띠

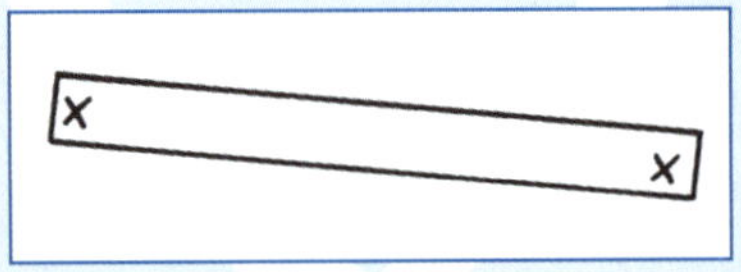

그림 7

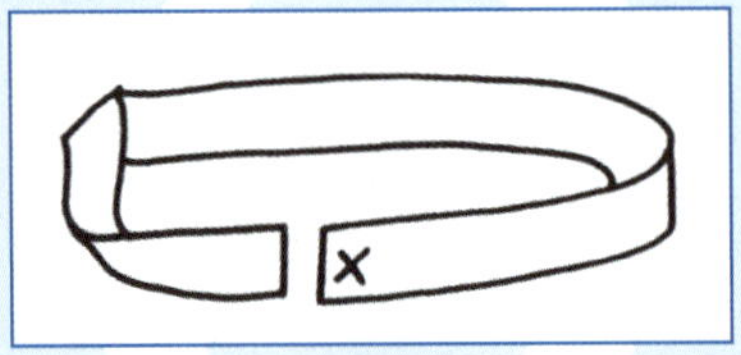

그림 8

친구들을 놀라게 해줄 수 있는 한 가지 퍼즐이 여기 있다. 해야 할 일은 특정한 방법으로 종이띠를 자르는 것이다. 한 번 시도해보고, 왜 그것이 효과가 있는지 읽어보자. 답은 154쪽에 있다.

준비물

- 5cm×50cm 크기의 종이띠 여러 장. 긴 종이띠가 없다면, A4 용지로 4개의 띠를 자른 다음 풀로 이것들을 이어 붙여서 긴 띠를 만든다.
- 연필
- 풀 또는 접착테이프
- 가위

뫼비우스 띠 만들기

1. 긴 띠의 같은 면의 각 끝 부분에 ×를 표시한다. 그림 7
2. 양손으로 이 띠의 양끝을 잡는다. 두 개의 × 표시가 보이도록 한쪽 끝을 꼬아서 다른 쪽 끝 위에 둔다. 이것을 '반 번 꼬았다'라고 한다. 그림 8
3. 끝 부분들을 풀로 붙이면 고리 형태가 된다. 반 번 꼰 고리를 "뫼비우스의 띠"라고 한다.

뫼비우스의 띠 자르기–첫 번째 실험

1. 이 띠의 중앙을 따라서 선을 하나 그린다. 이때 시작점에 닿을 때까지 그린다.
2. 이 선을 따라 이 띠를 자를 때 그 결과가 무엇일지 추측해본다.
3. 이 선을 따라 자른다.
4. 이 결과물을 설명해보자. 이 결과물에 놀랐는가?

뫼비우스의 띠 자르기–두 번째 실험

1. 또 하나의 뫼비우스 띠, 즉 반 번 꼬인 고리 하나를 만든다.
2. 오른쪽 모서리에서 약 1/3 지점에서 선을 하나 그린다. 이 선이 시작점에 돌아올 때까지 그린다.

3. 이 선을 따라 이 띠를 자를 때, 그 결과가 무엇일지 추측해본다.
4. 이 선을 따라 자른다.
5. 그 결과물을 설명해보자.

약 150년 전 *August Möbius*(독일 수학자)가 이 놀라운 띠를 발견했다. 이 띠를 그 전까지 아무도 몰랐다는 것이 놀랍지 않은가? 그러나 이 띠가 한 번 알려진 후로는 현재까지 유용하게 사용되고 있다. 공장의 컨베이어 벨트—물건을 실어 나르는 움직이는 벨트—는 뫼비우스의 띠 모양으로 만들어졌다. 뫼비우스 띠는 한 면만 사용하는 보통의 띠보다 수명이 두 배 길다.

예술가들도 뫼비우스 띠를 소재로 삼고 있다. 에셔*M. C. Escher*는 끝나지 않는 계단과 같은 불가능한 상황을 그리는 것을 좋아했다. 그의 작품들 중 한 작품에서, 그는 뫼비우스 띠를 따라 기어오르는 한 줄의 개미들을 그렸다.

뫼비우스 띠 시가 있다.

한 수학자가
뫼비우스 띠는 한 면만 있다고
비밀을 떨어 놓았다.
그러나 이것을 반으로 자르면,
반으로 잘랐는데도 불구하고
이것은 한 조각으로 남아있기 때문에,
당신은 웃음을 짓게 될 것이다.

생각해보고 실행하기

1. 뫼비우스 띠는 한 면만 있다. 이 띠의 한 쪽 끝에 붉은 색으로 × 표시를 하고, 같은 면의 다른 쪽에 검정색으로 × 표시를 한다. 한 쪽 끝을 꼬아보자. 한 쪽 끝을 다른 쪽 끝 위에 놓아서 두 개의 ×가 모두 보이도록 한다. 이 양 끝을 풀로 붙이고, 두 개의 ×가 보이는지 확인해보자. 자, 이제 손가락으로 빨간색 ×를 따라서 시작하여 검정색 ×에 돌아올 때까지 달려가보자. 손가락은 들지 않기로 한다. 이렇게 하여 검정색 ×를 통과했는가?
2. 이 실험을 실행해보자. 뫼비우스 띠의 한 모서리의 1/4를 잘라 결과가 어떻게 되는지 살펴보자.

아프리카 앙골라의 **모래**

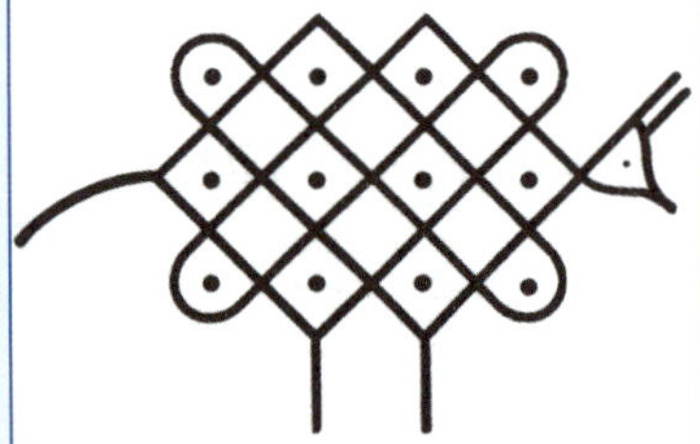

3×4 점 격자무늬에 그린
영양 그림
그림 9a

출처: Paulus Gerdes,
Desenhos da Africa

학창시절을 보낸 학교가 없다고 상상해 보자. 어린이들은 어떻게 배울까? 누가 그들을 가르칠까? 대부분의 어린이들이 학교에 다니기 이전에는 부모나 공동체의 어른들로부터 배웠다.

남서 아프리카에 위치한 앙골라의 북동쪽에 초케족*Chokwe*이 산다. 이 부족은 주로 농부들이지만, 식량으로 사용하기 위해 동물들을 사냥하기도 한다. 라디오와 TV 시대 이전에 그리고 학교가 있기 이전에, 어린이들은 일과가 끝난 저녁에 한 어른 주변에 모여 앉았을 것이다. 어린이들은 캠프파이어나 나무그늘 아래에 둘러 앉아 그들의 역사에 대해, 사람들이 함께 어울려 사는 방법, 동물들이 행동하는 방법에 대해 배웠을 것이다.

초케족은 멋진 미술품으로 잘 알려져 있다. 그들은 집 벽을 흥미로운 문양으로 장식해 놓았다. 이 어른이 이야기를 할 때, 그는 자신의 이야기가 살아 움직이는 것처럼 모래 위에 그림을 그린다. 그는 가장 먼저 점 격자무늬를 만들고 나서, 그는 자신의 이야기를 하는 동안 점들 사이에 무늬를 그린다. 이런 무늬들을 소나*sona*라고 부른다. 이러한 무늬들 중 하나가 루소나*lusona*이다. 일반적으로 이야기를 하는 사람은 모래로부터 손가락을 떼지 않고 자신의 이야기를 멈추지 않으면서 루소나를 그린다.

오늘 우리는 한 마리의 영양과 사냥꾼에 의해 쫓기는 것처럼 보이는 야생 닭이 달리는 길의 이야기에 대해서 들을 수 있고, 그림을 그릴 수 있다.

준비물

- 그래프 용지 몇 장
  (그래프 용지가 없다면, 줄 종이를 사용한다.)
- 연필
- 지우개
- 색연필
- 자 또는 직선 자

영양 그리기 그림 9a

1. 그래프 용지 위에, 3×4 크기의 점 격자 무늬를 그려서 직사각형 형태를 만든다.
2. 연필로 왼쪽에서 둘째 줄과 셋째 줄 사이에서 그리기 시작한다. 그래프 용지에 있는 선들의 교점들을 통과하는 선을 그리고 이 선들이 교차하는 점을 그린다. 자를 이용해서 직선을 긋는 것이 좋을 것이다. 그림 9b
3. 이 종이에서 연필을 떼지 않으면서 영양의 몸 부분을 계속해서 그린다. 이 때, 각 선을 전환점, 즉 열이나 행의 마지막 점을 지나도록 그린다.
4. 이 몸에 머리, 다리, 꼬리를 추가한다.
5. 색연필로 선 위를 따라 그린다.

영양이 그림 9c처럼 보이는가?

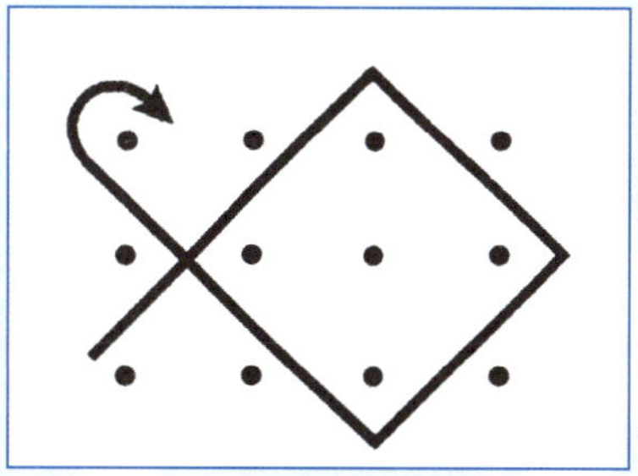

그림 9b

영양의 몸
그림 9c

쫓기는 닭이 지나가는 길
그림 10a

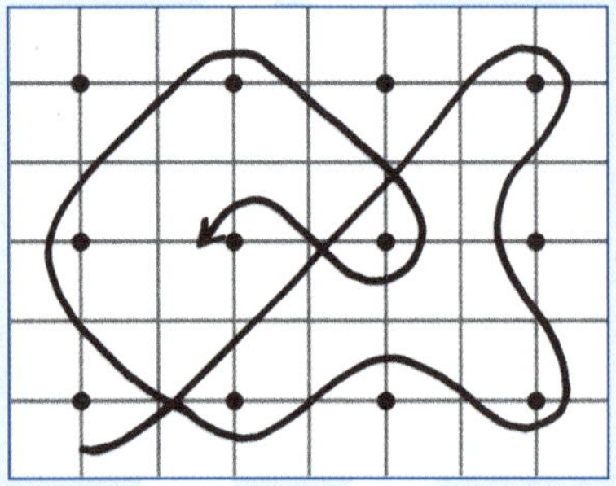

그림 10b

쫓기는 야생 닭의 길 그리기

사냥꾼이 뒤쫓고 있는 야생 닭의 길을 찾아본다. 이 길은 급커브를 만들고 있으며, 같은 길을 반복하고 있다. 그림 10

1. 그래프 용지에 3×4 격자무늬를 그린다. 한 쌍의 점들 사이에 있는 교점을 지나간다.
2. 연필로 왼쪽 아래부터 그리기 시작해서 그림 10b처럼 계속 그린다. 연필을 이 종이에서 떼지 말고 전체를 그리려고 시도한다. 그림 10b
3. 야생 닭의 길을 완성한다. 이 길은 결국에는 시작점으로 돌아온다.
4. 색연필로 그린 선을 따라 그린다. 이것이 그림 10a처럼 보이는가?

생각해보기

1. 그림 9c에 있는 영양의 몸 그림을 살펴본다. 이 그림에는 대칭선이 있는가? 한 선을 따라 이 종이를 접어서 이 그림의 반쪽이 다른 반쪽을 덮게 할 수 있는가? 서로 다른 대칭선을 몇 개 찾을 수 있는가? 이 종이를 회전해서 이 그림이 다른 위치에서 똑같아 보이게 할 수 있는가? 몇 개의 서로 다른 위치에서, 이 그림이 똑같아 보이는가?
2. 쫓기는 야생 닭 그림을 본다. 이 그림은 선 대칭인가? 이 그림은 회전 대칭인가? 154쪽에서 답을 확인할 수 있다.

우리가 할 수 있는 그 밖의 것은? 그림 11

여기 쫓기는 닭의 길을 나타낸 또 다른 그림이 있다. 이 닭은 사냥꾼을 따돌려 고생시켰다!

얇은 종이를 가져와 이 종이를 그림 위에 올려놓는다. 여러 개의 종이클립을 사용해서 이 둘이 움직이지 않도록 한다. 그러고 나서 이 종이에 연필을 떼지 말고 모든 그림을 베낀다. 어떤 위치에서 시작해도 좋다. 그리고 반드시 시작점에서 마쳐야 한다.

이 그림을 베낀 후에, 이것을 6×5 점 격자 종이 위에 그리도록 한다.

Paulus Gerdes 박사는 모잠비크에 사는 수학자이다. 그의 나라와 앙고라 모두 남아메리카의 브라질처럼, 과거 포르투갈의 식민지였다. *Gerdes* 박사는 앙골라의 소나*sona*에 관한 책을 몇 권 집필했다. 그 중 브라질에서 출판된 한 권의 책은 어린이들을 위한 책이다. (157쪽 참고문헌 확인) 이 책은 브라질에서 사용하는 언어인 포루투갈어로 쓰여졌다. 이 책이 영어로 번역되어 더 많은 어린이들이 읽을 수 있기를 희망한다.

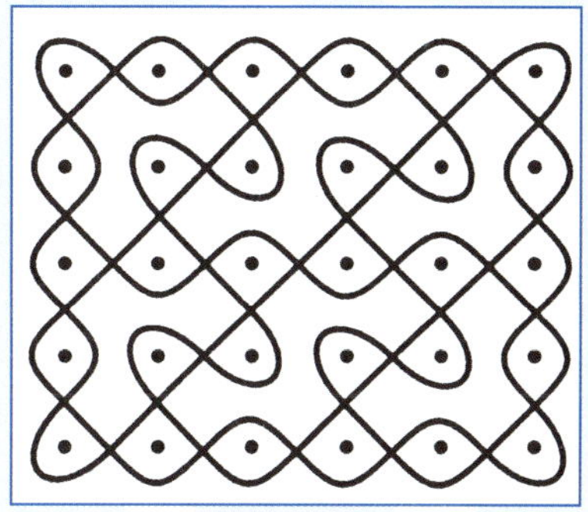

쫓기는 닭이 지나가는 길
그림 11

세 마을 이야기
그림 12

출처: Theodora Centner, *L'enfant Africain et ses Jeux*

앙골라의 모래

초케족 노인들이 전해주는 또 다른 이야기가 있다. 이 이야기는 *Theodera Centner*라는 이름의 프랑스 여성이 만든 아프리카 게임 모음집에도 있다. *Centner*가 이 모음집을 집필할 당시는, 이 이야기*the practice*가 사라져가고 있던 시기였으며 매우 소수의 사람만이 이 그림을 그리고 이 이야기를 하는 방법을 알고 있었다. 그림 12

이 그림은 A, B, C라고 적혀진 세 마을을 보여주고 있다.

A마을 사람들은 C마을 때문에 굉장히 분개했다. A마을 사람들은 한 아이(a)를 보내 C마을 사람들에게 다음과 같은 메시지를 전달했다. "당신들은 당신들의 염소를 더 잘 돌봐야 합니다. 당신들의 염소가 우리의 모든 곡식을 먹고 있습니다! 만약 이것이 멈춰지지 않는다면, 우리는 당신들과 싸울 겁니다!"

이 소년은 출발했지만, 그는 C마을 입구를 지나쳤다. 그는 그것을 알지 못하고, 자신의 마을로 되돌아 왔다. 그는 "당신들의 염소를 더 잘 돌보시오!"라고 외쳤다.

그의 부모는 그를 "우리는 너를 C마을로 보냈는데, 너는 그냥 집으로 돌아왔어."라며 야단쳤다. 이 마을 사람들은 이 소년을 놀렸다.

며칠 후에 C마을 사람들은 한 소년(b)을 보내 자신들의 들불축제에 이웃마을의 모든 사냥꾼들을 초대하였다. 이 소년은 C마을을 떠났고 오랫동안 걸었다. 그는 다른 마을들을 보지 못하고 마을들을 그냥 지나쳐서 자신의 부모의 집으로 돌아왔다. 자신의 집으로 들어 갈 수 없어서, 그는 자신이 걸었던 길을 되돌아가서 매우 늦게 집에 왔다. 그도 역시 심부름을 수행하지 못했다.

생각해보고 실행하기

1. 왜 이 두 소년이 자신들에게 맡겨진 임무를 수행하지 못했다고 생각하는가? 이 이야기는 어린 아이들에게 어떤 교훈을 주는가?
2. 손가락 또는 연필 끝으로, A마을로부터 남자아이(a)의 길을 베끼고, C마을로부터 남자아이(b)의 길을 베낀다. 화살표의 방향을 따라간다.
3. 세 마을이 있는 그림 위에 얇은 종이를 올려놓고 여러 개의 종이클립으로 이 둘을 고정시킨다. 연필로 이 전체 그림을 베낀다. 이 종이 위에서 연필을 떼지 않으면서 한 번에 이것을 할 수 있는가?

인도의 **모래**

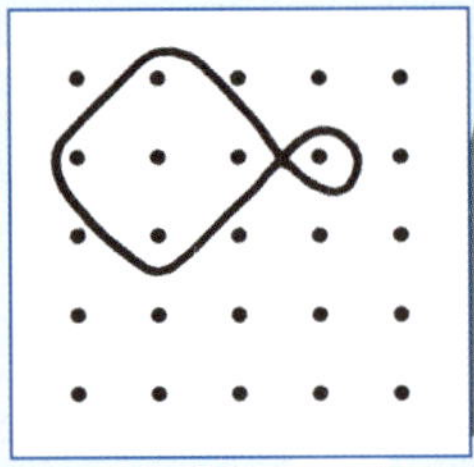

그림 13a

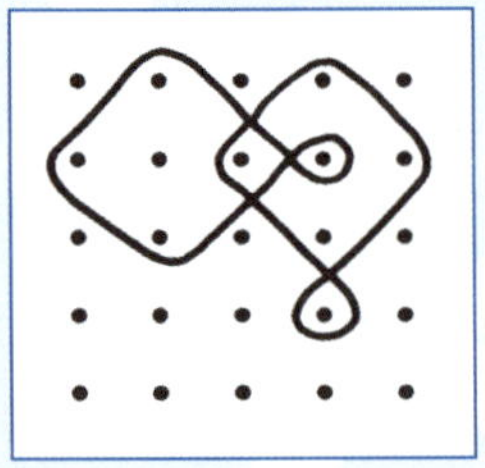

그림 13b

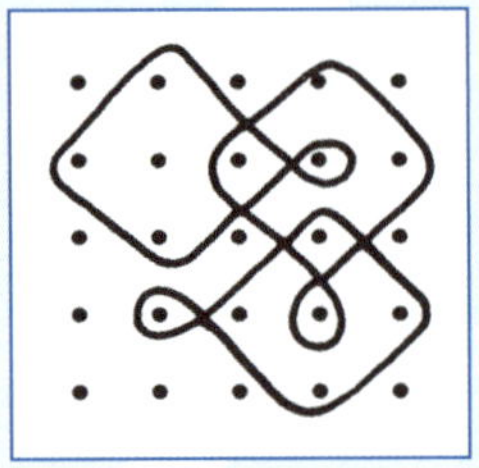

그림 13c

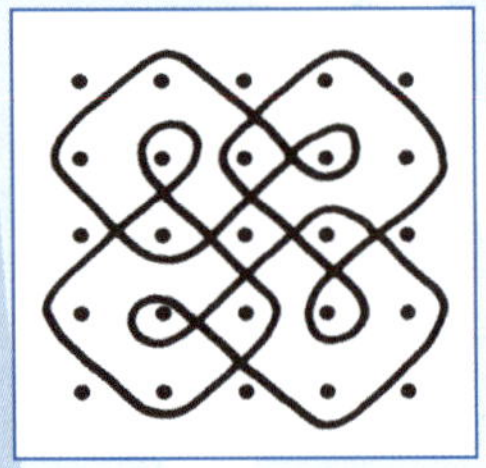

그림 134
우리 집에 오신 것을 환영합니다.

남쪽 인도에 사는 *Dahti*는 어머니로부터 여러 가지 모양을 그리는 방법을 배우고 있다. 매일 아침 그녀의 어머니는 문지방을 비질한다. 그러고 나서, 어머니는 이 곳에 물과 소똥의 혼합물을 펼쳐놓는다. 어머니는 쌀가루 한 움큼을 집은 다음 이것을 조심스럽게 이 곳 위에 뿌려서 아름다운 무늬를 만든다. 개미와 다른 곤충들이 이 쌀가루의 일부를 먹을 것이다. 나머지는 쓸려 없어진다.

인도의 남동쪽에 있는 *Tamil Nadu* 주에 사는 여자들은 몇 백 년 동안 꼴람*Kolam*(또는 랑고리) 무늬를 만들고 있다. 이것은 자신의 집에 온 방문객들을 환영하는 방법이다. 오늘날 그들은 이 무늬를 만들기 위해서 분필가루와 같은 다른 종류의 흰가루를 사용할 수도 있다.

일반적으로, 이들은 점판에서 시작한다. 무늬는 점들을 연결하거나 점들을 돌며 만들어진다. 종종 이 무늬는 삶과 죽음의 순환처럼 시작점에서 끝나고, 멈추지 않고 그려지고, 연속된 그림이다.

*Dahti*의 어머니는 *Dahti*에게 단순한 무늬를 만드는 방법을 보여주고 있다. 연필과 종이로 같은 모양을 만들 수 있다.

준비물

- 점판 혹은 그래프 용지
- 연필
- 지우개
- 색연필

무늬 그리기 그림 13a, b, c, d

1. 점판이나 그래프 용지에 5×5 정사각형 점을 표시한다.
2. 연필로 그림 13a에 있는 무늬를 그린 후 색연필로 이것을 따라 그린다.
3. 이 종이를 1/4만큼, 즉 90도로 돌린 후, 연필로 똑같은 무늬를 다시 그린다. 이것이 그림 13b이다. 그림 13b를 따라 그릴 때는 다른 색의 색연필을 사용한다.

4. 이 종이를 다시 90도 돌린다. 이 무늬를 그리고 색연필로 이것을 따라 그린다. 그림 13c
5. 그림 13d에 있는 것처럼, 이 종이를 90도 돌리고 다시 이 무늬를 반복한다. 이 무늬를 색칠한다.
6. 그리고 이 무늬의 가장자리를 따라 점들 사이를 안쪽 바깥쪽 하면 곡선을 그려서 경계를 마무리한다. 그림 13e

생각해보고 실행하기

1. 방금 만든 꼴람 무늬의 대칭을 찾아보도록 하자. 이 종이를 회전시킬 때 이 그림이 똑같아 보이는가? 이 그림을 그린 방법을 생각해보기 바란다. 이 무늬는 몇 가지 다른 위치에서 똑같아 보이는가?
2. 이 무늬는 선대칭인가?
3. 친구들과 함께 친구와 꼴람 무늬를 그리는 관습에 대해 토론해본다.
4. 작가 *Marcia Ascher*(155쪽의 참고문헌 참고)에 따르면, 컴퓨터 과학자들은 *kolam* 무늬들을 이용해서 컴퓨터 그림을 그리고 새로운 종류의 컴퓨터 언어를 창조해 내기 위한 규칙들을 만들고 있다. 그림 14에 있는 무늬를 살펴보기 바란다. 이 그림의 이름은 *Anklets of Krishna*이다. *Ascher*의 책을 토대로 한 이 그림은 꼴람 무늬를 그리는데 필요한 몇 가지 단계를 보여주고 있다. 컴퓨터 앞에 앉아 있는 사람은 이 무늬를 그리기 위해서 어떤 안내가 필요하겠는가?

꼴람 무늬
그림 13e
Marcia Ascher, Mathematics Elsewhere, Princeton University Press, 2002

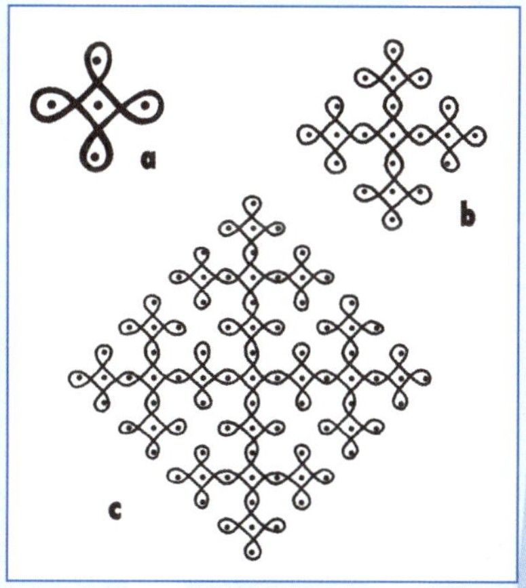

Anklets of Krishna
그림 14

7

무늬의 대칭과 닮음

대칭은 무슨 뜻인가? 우리의 몸은 대칭이다. 우리의 왼쪽 반은 오른쪽 반과 일치한다. 그리고 우리의 얼굴도 대칭이다. 정확하게는 아니지만, 왼쪽 눈은 오른쪽 눈과 상당히 일치하고, 왼쪽 콧구멍은 오른쪽 콧구멍과 일치한다.

대칭*symmetry*이라는 단어는 "같은 측정값*same measure*"이라는 의미를 갖는 그리스어로부터 유래한다. 우리는 두 종류의 대칭, 즉 선대칭과 회전대칭에 대해서 논의할 것이다.

먼저 **선대칭**에 대하여 이야기해보자. **그림 5a**에 있는 인형(114쪽 참고)은 우리의 몸이 선대칭인 것과 같이 선대칭이다. 인형의 가운데를 위에서 아래로 그린 선을 하나 가정하자. 사진을 이 선을 따라 접는다면, 이 인형의 왼편과 오른편이 대응한다. 또한 이 선에 거울을 올려놓을 수 있다. 거울 속에서 보이는 인형의 반은 거울의 뒤에 있는 반과 똑같다. 이 가상의 선을 **대칭축**이라고 부른다.

회전대칭은 무엇인가? 성조기에 있는 별과 같이 5점별을 찾아본다.

이 책을 돌릴 때, 이 5점별은 5개의 서로 다른 위치에서 똑같아 보인다. 또한 5점별은 다섯 개의 서로 다른 대칭축을 가지고 있다. **그림 1a**

닮음은 물체의 크기를 다룬다. 같은 모양을 하고 있지만 서로 다른 크기의 두 물체를 '**닮았다**'고 한다. 이 두 별은 닮았다. 이 두 별은 같은 모양을 하고 있지만, 하나가 다른 하나 보다 크다. **그림 1b**

이 장에서 인디언의 비즈공예, 물소 가죽으로 만든 노트북 전용 가방, 러그, 퀼트에 있는 아름다운 무늬들에 대해 배울 것이다. 이 대칭 인형은 서아프리카에 있는 가나의 아산테족의 문화에서 유래한 것이다. 그리고 많은 나라의 국기 특히 별을 가지고 있는 국기들에 대해 배울 것이다. 또한 별은 조각누비처럼 기워 만든 퀼트의 무늬 요소이다. 여러 개의 정사각형과 삼각형을 사용하여 별 무늬를 몇 개나 만들 수 있는가? 몇 가지 서로 다른 방법을 시도해 볼 수 있을 것이다.

그림 1a

원추형 천막집 패턴
그림 1b

[첫 번째 활동] 아메리카 **인디언 비즈공예**

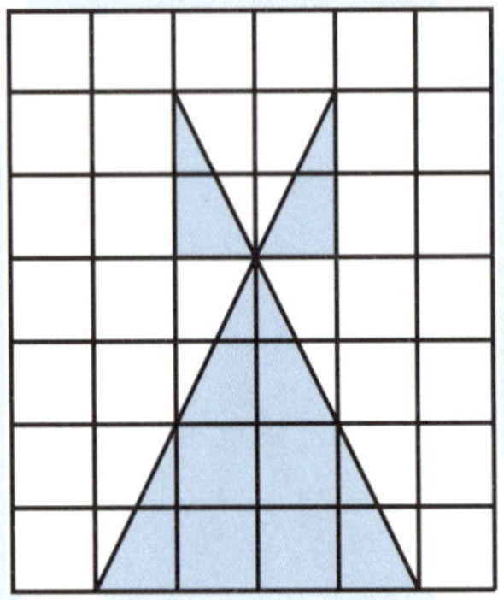

원추형 천막집 패턴
그림 1c

유럽인들은 다코타족*Dakota*을 동부 *Sioux*(수우)라고 불렀다. 다코타는 친구 공동체 즉 함께 작업하는 사람들을 의미한다. 이들은 대평원*Great Plains*에서 살았다. 후에, 두 개의 주 *North Dakota*와 *South Dakota*가 이들의 이름을 따서 주명을 지었다. 서부 *Sioux*족은 자신들을 라코타*Lakota*라고 불렀다. 18세기 초에, 수족 물소를 잡기 위해 말을 타고 대평원을 돌아다녔다. 물소고기는 그들의 주식이었다. 물소가죽은 천, 가방, 자신들이 사는 원추형 천막집, 그리고 많은 다른 물건들을 만드는데 사용되었다. 이들 물체들은 종종 비즈공예나 페인팅으로 장식되었다.

여러 원주민 부족들은 조개껍질, 뼈, 발톱, 돌, 광물과 같은 여러 가지 종류의 물질들을 이용해서 비즈를 만들었다. 동쪽 해안 부족들의 조개껍질 비즈는 후에 웜펌(53쪽 참고)이라 불리는 돈으로 사용되었다. 초기 비즈는 소형 비즈라 불렸다. 1800년대 중반 그들은 보다 작은 비즈를 사용해서 바느질된 비즈장식을 만들었다.

비즈장식으로 원추형 천막집 만들기

*Josie*는 다코타족 스타일의 비즈공예를 그녀의 재킷에 장식하기 위한 계획을 세우고 있다. *Josie*는 원추형 천막집 장식을 만들기 위한 한 가지 패턴을 찾았다. 이제 그녀는 비즈가 얼마나 많이 필요한지 알아야 한다. 그림 1c

그녀의 친구 *Eddie*는 원추형 천막집 패턴을 좋아했다. 그 또한 비즈공예로 자신의 재킷을 장식하길 원했다. 그러나 그의 원추형 천막집은 그림 1c에 있는 원추형 천막집보다 폭과 높이에서 두 배 더 넓고 높을 것이다.

준비물

- 모눈종이
- 연필
- 자
- 색연필 또는 마커펜

원추형 천막집 만들기 계획하기

1. 이 무늬에 있는 정사각형의 수를 센다. 부분 정사각형은 어떻게 셀 것인가? 대칭의 개념을 이용하면 이것을 구하는 데 도움을 받을 수 있다.
2. 모눈종이에 이 무늬를 베낀다. 원추형 천막집을 색칠한다.
3. 대략 10개 정도의 구슬로 하나의 작은 정사각형을 덮을 수 있다. *Josie*는 이 패턴을 만드는데 얼마나 많은 구슬이 필요하겠는가?
4. 같은 모눈종이 위에 *Eddie*의 원추형 천막집도 그린다. 우선 연필로 가볍게 윤곽을 나타낸다. 물론 그것은 *Josie*의 것보다 두 배 더 넓고 높아야 한다. 이 무늬를 색칠한다. *Eddie*의 무늬는 *Josie*의 것과 닮았다. 이것은 같은 모양이지만 크기가 다르다.
5. *Eddie*의 무늬에 있는 정사각형의 수를 센다. *Eddie*는 비즈가 몇 개 필요한지 구한다.
6. *Eddie*의 원추형 천막집은 무늬는 *Josie*의 것보다 ______배 많은 구슬을 필요로 한다. 빈 곳에 들어갈 수는 무엇인가? 이 질문에 대한 답을 154쪽에서 찾을 수 있다.

생각해보고 실행하기

1. 만약 그림 1c에 있는 원추형 천막집 무늬와 닮은 것으로 세배 넓고 세배 높은 원추형 천막집을 만들고자 한다고 가정해 보자. 비즈가 몇 개 필요하다고 생각하는가?
2. 이 원추형 천막집을 모눈종이에 그리고 그것을 색칠한다. 폭이 12칸이고 높이가 18칸인지 확인한다. 정사각형의 수를 세고, 이 수에 10을 곱해서 필요한 비즈가 몇 개인지 구해보자. 자신의 답이 이전 질문에 대한 답과 일치하는가?

[두 번째 활동] 인디언 비즈공예

메노미니족의 약가방
그림 2a

출처: Le Roy H. Appleton, *American Indian Design and Decoration*

북아메리카 원주민들은 옷, 가방, 그 밖의 물건에 아름다운 비즈공예 무늬를 만들어 넣었다. 서로 다른 민족들은 그들 자신만의 고유한 스타일을 개발했다. 오대호 지역에 사는 부족들은 종종 꽃무늬를 만들었다. 그림 2a에 있는 무늬는 메노미니족*Menominee*의 약가방에 있는 것이다. 큰 꽃의 꽃잎수를 세어보자. 이 무늬에서 그 밖의 것을 보았는가? 이 무늬는 대칭인가? 테두리에서 어떤 패턴을 볼 수 있었는가?

한 어린 소녀가 그림 2b에 있는 것처럼 모눈종이 위에 있는 것과 같은 단순한 꽃무늬가 있는 비즈공예를 배우려고 한다고 하자. 이 모눈종이를 검토해보자. 각 공간은 1/2cm이다. 각 작은 정사각형은 $1/4cm^2$이다. 이 꽃은 여덟 장의 꽃잎을 가지고 있다. 대략 30개의 구슬로 $1cm^2$를 덮을 수 있다.

준비물

- 모눈종이
- 연필
- 자
- 색연필 또는 마커펜

비즈공예로 꽃 장식 만들기

1. 이 꽃으로 덮인 정사각형의 수를 세어보자. 세는 것을 간단하게 하기 위해서 이 무늬의 대칭성을 이용한다. 이 모눈종이 위에 있는 각 정사각형은 $1/4cm^2$라는 것을 기억하기 바란다. 이 꽃이 덮고 있는 것은 몇 cm^2인가?
2. 모눈종이 위에 이 꽃을 베끼고 색칠한다.
3. 그 무늬는 약 몇 개의 비즈를 필요로 하는가? 답을 구하고, 154쪽에서 답을 확인해보자.

4. 이것과 닮았지만 이것보다 더 큰 무늬를 만들기를 원한다고 가정하자. 닮은 모양이지만 원래 무늬의 길이의 2배, 폭이 2배인 꽃을 원한다. 이 무늬는 모눈종이에서 몇 cm^2를 덮겠는가? 약 몇 개의 비즈가 필요하겠는가?

5. 그 무늬를 모눈종이에 그린다. 4.에서 한 질문에 대한 자신의 답을 확인한다. 답이 맞았는가?

생각해보고 실행하기

1. 인디언 비즈공예의 예를 찾아보자. 부족마다 서로 다른 스타일을 가지고 있음을 주목하였는가?

2. 비즈공예를 하는 것을 안내하는 설명서를 찾아보고 혼자서 해보자.

3. 4000년 전 이집트인들이 사원의 벽에 큰 무늬를 그리기 전에 먼저 모눈종이 위에 밑그림을 그렸다. 그러고 나서 화가가 이 벽에 더 큰 모눈을 그렸다. 이런 방식으로 화가는 그림의 완벽한 비율을 유지할 수 있었다. 이집트 사원 벽에 그려진 그림들이 있는 사진들을 찾아보자.

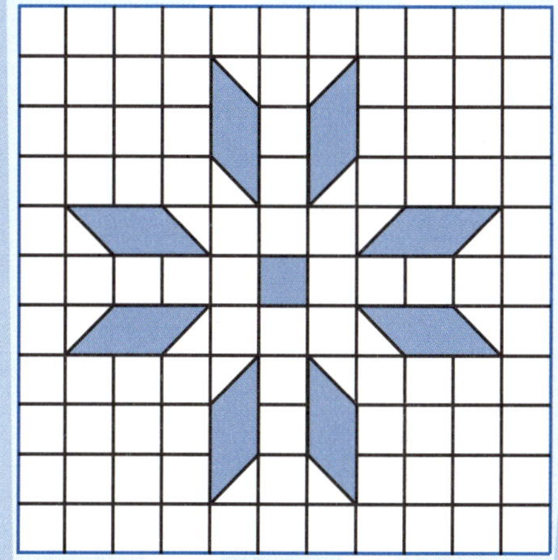

그림 2b

아메리칸 인디언이 염색한 무늬들

다코타족의 생가죽 가방에 새겨진 무늬
그림 3a

출처: LeRoy H. Appleton, *American Indian Design and Decoration*

아라파호족*Arapaho*, 라코다족*Lakoda*, 다코타족*Dakoda* 그리고 많은 다른 원주민들은 1700년대 이후 중서부의 여러 평야지대와 대초원으로 이동하였다. 그래서 서로 다른 언어를 사용하는 많은 부족들이 함께 모여들었기 때문에, 이들은 매우 유용한 수화를 발전시켰다. 스페인 사람들이 이 지역을 침범하였을 때, 원시부족들은 갑자기 추방당하였다. 그들은 자신들의 농장과 마을을 포기해야 했고, 유목민이 되었다. 그들은 물소, 사슴, 그 외 동물들을 잡았다. 물소는 그들 삶의 중요한 물건이었고, 그들은 물소의 거의 모든 부속물을 다양한 용도로 사용하였다.

유럽인들이 대초원을 가로질러 이동하면서 물소를 죽이고, 자신들의 공동체를 형성하였기 때문에, 아메리칸 인디언들은 자신들의 삶의 방식인 유목을 포기해야만 했다. 오늘날 일부는 보존 구역에서 살고 있고, 일부는 도시나 마을로 이주해 살고 있다.

아메리칸 인디언은 장과류(漿果類), 뿌리, 그리고 여러 식물의 다른 부분으로부터 만든 염료를 이용해서 물소 가죽에 새긴 무늬들을 염색하였다. 이 절에서 보여주고 있는 2개의 무늬(그림 3a와 그림 3b)는 아메리칸 인디언들이 많은 사물에 염색했던 장식들과 닮은 것이다. 이 다코타족 무늬와 아라파호족 무늬는 물소 생가죽 가방에 새겨진 것이다.

이 두 가지 무늬를 검토해보자. 각 무늬에 있는 서로 다른 모양들의 이름을 들어보도록 한다. 각 무늬가 대칭인지 알아보기 바란다. 이 무늬를 중앙에서 위에서 아래로 그어진 수선을 따라 접는다면, 이 무늬의 중요부분의 왼쪽은 오른쪽과 겹쳐질 것이다. 이 무늬의 어떤 부분이 대칭을 이루지 않는가?

이 두 무늬 중 하나 또는 둘 다 복사해서, 대평원 인디언의 이동용 가방인 파아플래시*parfleche*(물소 생가죽으로 만든 제품)를 충분히 덮을 수 있을 정도로 큰 무늬를 만들 것이다. 무늬는 이 그림에 있는 것과 닮았다. 이것은 모양은 똑같지만 크기는 다르다.

준비물

- 백지
- 연필
- 지우개
- 자
- 크레용, 마커펜, 또는 물감

아메리카 인디언이 염색한 무늬 만들기

1. 두 무늬 중 하나를 선택해서 복사한다. 이때, 선택한 무늬의 일부분만 복사한다.
2. 제시된 그림에 있는 무늬의 가로의 길이와 세로의 길이를 측정하고 그 값을 적어둔다.
3. 선택한 무늬의 가로의 길이와 세로 길이의 두 배(또는 세 배) 되는 무늬를 만들고자 한다고 해보자. 무늬의 가로의 길이와 세로의 길이를 적어둔다.
4. 연필과 자를 이용해서 종이 위에 선택한 무늬의 윤곽을 스케치한다.
5. 이 무늬의 나머지 부분을 완성할 방법을 결정하고, 연필로 이것을 스케치한다. 원본에 있는 것과 같은 비율을 유지한다. 만든 무늬는 그림 3a와 그림 3b에 있는 무늬와 닮았을 것이다.
6. 만든 무늬를 색칠한다.

생각해보고 실행하기

1. 라코타족과 다른 부족은 물소가죽 위에 여러 행사들을 표현하는 기호를 그림으로 그려서 자신들의 역사를 보존하였다. 일년 단위로 기록한 이 자료를 윈터카운트*the Winter Count*라고 부른다. 잘 알려진 기록은 1801년부터 1870년까지의 기간에 대한 기록을 담고 있다. 윈터카운트에 대한 기록을 더 조사해보자. 자신의 삶에 대한 자료를 매일 또는 주 단위로 만들어도 좋을 듯하다.
2. 복사하고 싶은 다른 아메리칸 인디언의 무늬를 찾는다. 원본에 있는 것과 같은 크기의 무늬를 사용하거나 같은 비율을 유지하면서 확대한 무늬를 사용할 수 있다.

아라파호족의 생가죽 가방에 새겨진 무늬
그림 3b

출처: LeRoy H. Appleton, *American Indian Design and Decoration*

가나의 아쿠아바 인형

오와레판의 형태를 한 금 추
그림 4

아산테족의 아쿠아바
그림 5a

출처: Abelson 부부의 개인 수집품

서아프리카에 있는 가나의 아산테족(아산티족이라고도 불린다.)은 금속, 나무, 직물의 예술가로 오랜 기간 알려졌다. 그들은 미국에서 유행하고 있는 유명한 켄테천*kente cloth*를 만들어냈다. 여러 세기 동안 그들은 금 매매에 몰두하였다. 상인들은 사금 중량을 측정하기 위해 황동 추 세트를 가지고 있었다. 이 추들은 일반적인 추의 모양을 하고 있지 않았다. 어떤 것은 일하는 사람들을 나타내고, 다른 것은 기하학적 패턴을 가지고 있는 동물이나 새 모양으로 하였다. 그림 4는 아산테족 사이에 유명한 만카라 게임의 한 유형인 오와레*Oware* 게임을 위한 아주 작은 판이다. 이것의 길이는 약 4cm이다.

아산테족은 세대를 이어 전해지는 아름답게 조각된 나무 판 위에서 *Oware* 게임을 즐겼다. 예술가들은 다양한 종류의 나무 스툴[4]을 만들었는데, 각 스툴은 특별한 기능을 가지고 있었다. 일부는 왕을 위한 진상품이었다.

그림 5a는 아산테족 언어로 아쿠아바*Akua Ba*라고 불리는 목상이다. 사람들은 그것을 인형이라고 부를는지 모르겠지만 이것은 장난감이 아니다. 아이를 막 출산하려는 임산부가 허리에 두르는 천으로 아쿠아바 인형을 등에 업었다. 그 목적은 안전한 출산과 건강한 아이를 갖는데 있었다. 아쿠아바는 출산인형이라고도 불린다.

아쿠아바 사진을 검토해 보자. 머리 모양이 무엇인가? 얼굴에서 어떤 특징을 찾을 수 있는가? 팔과 다리는 어떤가? 이 인형의 몸의 부분들의 비율은 실제 아이의 몸의 비율과 같아 보이는가? 이 인형은 대칭인가?

4) 스툴은 등받이와 팔걸이가 없는 의자를 의미한다.

아쿠아바 만들기

준비물

- 백지
- 두꺼운 종이
- 연필
- 자
- 컴퍼스나 병뚜껑 (또는 다른 원 모양 사물)
- 갈색과 검은색 크레용이나 마커펜

1. 얼마나 큰 아쿠아바를 만들 것인지 결정한다. 그림 5a에 있는 것보다 2배 또는 3배 큰 것으로 하는 것이 좋다. 그러면 아쿠아바는 2배 또는 3배 클 것이다.
2. 이 인형의 신체 각 부분의 크기를 측정한다. 머리의 지름, 목, 팔, 몸의 길이, 그리고 필요하다고 생각되는 각 부분을 측정해서 기록한다.
3. 측정한 값을 결정한 배수로 곱한다.
4. 두꺼운 종이 위에 연필로 가볍게 이 인형을 그린다. 컴퍼스나 병뚜껑을 이용해서 머리를 그린다. 얼굴에 그려야 할 것들과 자신이 본 상세한 부분들을 그린다.
5. 검은 크레용으로 눈, 코, 입, 귀와 다른 세부사항을 검토한다. 이것들을 가능한 검게 해서, 인형 전체를 색칠했을 때 이 것들이 보이도록 한다.
6. 갈색 크레용으로 이 인형을 색칠한다.
7. 자신이 만든 아쿠아바를 오린다.

생각해 보고 실행하기

1. 가나의 판티족*Fanti*은 그림 5b와 닮은 출산인형을 조각한다. 이것은 자신이 만든 아쿠아바 인형과 어떻게 다른가? 판티족의 출산인형을 만들어 봐도 좋을 것이다.
2. 아산테족의 나무 스툴 그리고 오와레 판 그림을 찾아보자.

판티족의 출산 인형
그림 5b

출처: Geoffrey Williams, *African Designs*

고대 로마의 알파벳

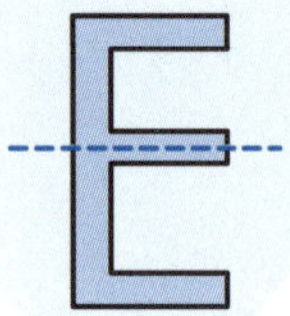

그림 6a

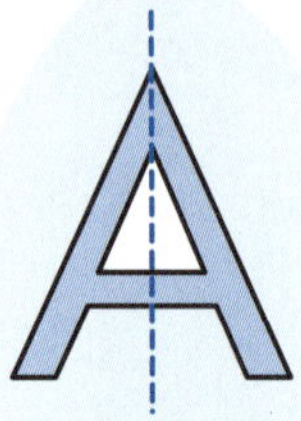

그림 6b

그림 6c

지금으로부터 2000년 이상 지난 시점에서 고대 이집트인들이 영어 알파벳을 발명하였다. 많은 유럽인들이 같은 알파벳을 사용하고 있다.

알파벳의 대칭성

알파벳 중 일부는 몇 가지 유형의 대칭성을 갖고 있다. 일부는 대칭성이 전혀 없다. 알파벳을 대칭성이라는 관점에서 분석할 수 있다.

1. 어떠한 장식도 하지 않은 채 평범한 대문자 알파벳을 적는다.
2. 그림 6a와 같은 알파벳 E의 점선 위부분만을 가지고 있다고 가정해보자. 이 점선을 따라 이것을 위에서 아래로 접는다. 이렇게 생긴 알파벳 E는 우리가 사용하는 E와 같은 모양으로 보인다. 이런 유형의 대칭 즉 선대칭을 갖고 있는 알파벳의 목록을 작성해본다.
3. 그림 6b와 같은 알파벳 A의 점선 왼쪽부분만을 가지고 있다고 가정해보자. 이 점선을 따라 이것을 왼쪽에서 오른쪽으로 접는다. 이렇게 생긴 알파벳 A는 우리가 사용하는 A와 같은 모양으로 보인다. 이런 유형의 대칭 즉 선대칭을 갖고 있는 알파벳의 목록을 작성해본다.
4. 그림 6c와 같은 알파벳 S의 일부분만을 가지고 있다고 가정해보자. 이것을 반회전시킨다. 이렇게 해서 생긴 문자 S는 우리가 사용하는 S와 같은 모양으로 보인다. 이런 유형의 대칭 즉 회전대칭을 갖고 있는 알파벳의 목록을 작성해본다.
5. 일부 문자는 하나 이상의 대칭을 가지고 있다. 이러한 문자들의 목록을 작성해본다.
6. 자신이 만든 목록들을 비교해본다. 어떤 문자들이 2개의 목록에 나타나는가? 3개의 목록에 나타나는 것은?

생각해보고 실행하기

1. 정확하게 2가지 유형의 대칭을 가지고 있는 문자를 찾았는가? 이런 특성을 갖는 문자는 하나도 없다! 왜 없는가?
2. 대문자로 적은 일부 단어들은 뒤집었을 때 이들은 같아 보인다.
   a. 가로 수평선을 기준으로 접었을 때 똑같은 모양인 단어들의 목록을 작성해보자. 만든 목록에 있는 단어들이 이런 유형 즉 선대칭이 있는지 살펴본다.
   b. 이번에는 세로선을 기준으로 접었을 때 똑같은 모양을 한 단어들의 목록을 작성해보자.
   c. 종이를 반 돌렸을 때 똑같은 모양을 한 단어들의 목록을 작성해보자.
3. 뒤집거나 반회전 했을 때 다른 단어가 되는 단어를 찾을 수 있는가?
4. 그리스어, 히브리어, 아라비아어는 그들 각각의 고유한 문자를 가지고 있다. 사실 로마사람들은 그리스로부터 몇몇의 문자를 가지고 왔다. 알파벳의 역사를 찾아보자. 그림 6d

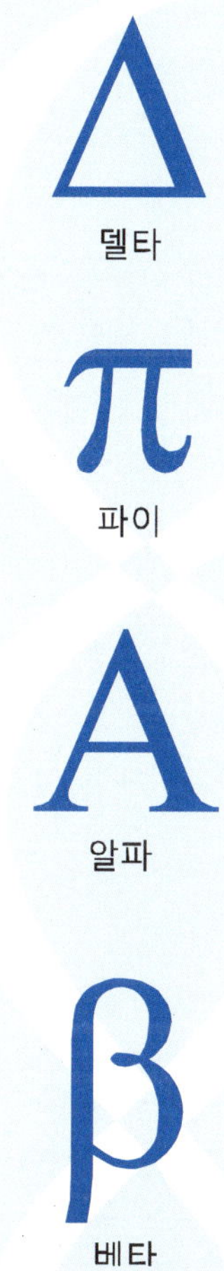

그리스 문자
그림 6d

여러 나라의 국기 중 별이 있는 국기들

그림 7a

토고의 국기
그림 7b

쿠바 또는 푸에르토리코의 국기
그림 7c

파키스탄의 국기
그림 7d

미국의 국기
그림 7e

세계의 모든 나라의 국기가 있는 그림을 찾아보자. 사회과부도에서 볼 수 있다. 그림 7a에 있는 국기 그림을 살펴본다. 사회과부도에 있는 국기들의 그림들과 일치하는 것이 있는지 살펴본다. 일치하는 2개의 국기(소말리아 국기와 베트남 국기)를 찾을 수 있을 것이다. 소말리아 국기는 푸른 바탕에 하얀별이 있는 반면, 베트남 국기는 붉은 배경에 노란별이 있다. 이 국기들을 사회과부도에 있는 그림들과 일치하는지 알아보는 과정에서 무엇을 찾았는가? 이 5점별은 이 두 국기에 있는 유일한 특징이다. 이 두 국기의 색은 다르지만, 흑백 그림상에는 색은 나타나지 않는다.

많은 국가들의 국기에서 5점별이 특징인 것을 찾을 수 있다. 일부 국기는 줄무늬 배경에 별 하나가 있다. 한 예가 남아메리카 북쪽에 있는 수리남 국기이다. 토고 국기는 모서리에 별이 하나 있다. 빨간색, 흰색, 파란색이 있는 쿠바 국기는 푸에르토리코 국기처럼 삼각형의 배경에 별이 하나 있다. 사실, 이 두 국가의 국기는 빨강과 파랑의 위치가 바뀐 것을 제외하면 동일하다. 푸에르토리코 국기 사진을 찾은 것은 매우 어렵다. 왜냐하면 독립적인 국가가 아니라 미국의 연방국이기 때문이다. 파키스탄 국기는 별과 초승달을 가지고 있다. 그림 7b, 7c, 7d

시리아와 파나마의 국기처럼 몇몇 국기는 5점별을 하나 이상 가지고 있다. 하지만 성조기 보다 많은 별을 가진 국기는 없다! 그림 7e

5점별이 있는 자신의 깃발을 설계할 수 있는데, 먼저 별을 그리는 연습을 해보자.

준비물

- 종이
- 연필
- 지우개
- 컴퍼스
- 자
- 색깔마커펜 또는 크레용

5점별 그리기

1. 반지름이 5cm인 원을 그린다. 이 원의 맨 위에 표시를 하나 한다. 그림 8a
2. 그 표시 점 위에 자의 0점을 올린다. 자를 이용해서 이 점에서 5.8cm 되는 위치에 표시를 하나 한다.
3. 이 원의 표시에서 5.8cm 되는 지점을 찾아 계속해서 표시한다. 이 점들 사이의 길이가 같은 5개의 점을 갖게 된다. 이 점들을 순서대로 A, B, C, D, E라고 이름을 준다. 그림 8b
4. A에서 C, C에서 E, E에서 B, B에서 D, D에서 A의 순서로 선을 긋는다. 종이에서 연필을 떼지 않고 그린다. 그림 8c
5. 이제 우리는 5점별을 가지고 있다. 이 별을 우리가 원하는 대로 색칠한다. 그리고 이 별 주변으로 깃발을 도안한다.

생각해보고 실행하기

1. 모든 국가의 국기들이 있는 사진들을 찾는다. 파키스탄 국기처럼, 5점별과 초승달이 있는 국기를 찾는다. 지도에서 이 국가들의 위치를 찾는다. 초승달은 무슨 의미가 있는가? 대부분의 이들 국가들이 갖고 있는 문화적 특성 중 공통적인 특성은 무엇인가?
2. 많은 아프리카 국가들은 그들의 국기에 빨간색, 황금색, 녹색을 넣어 돋보이게 한다. 가나의 국기가 좋은 예이다. 이 색깔들은 아프리카를 상징한다. 빨간색은 독립투쟁에서 흘린 피를, 황금색은 아프리카의 부국을, 초록은 농업과 산림을 나타낸다. 다른 아프리카 국가들의 국기를 찾아본다. 이 국기들이 이들 색을 사용하고 있는지 살펴본다.
3. 5점별을 하나 이상 갖고 있는 국기의 목록을 만든다. 이들 국가들은 어디에 위치하고 있는가?
4. 몇몇 국가는 5점 이상의 점으로 된 별을 갖고 있는 국기를 갖고 있다. 한 예가 6점별을 갖고 있는 이스라엘 국기이다. 이 별의 의미는 무엇인가? 그림 8d
5. 5점별에서 대칭성을 검토한다. 이 별은 대칭축이 몇 개 있는가? 5점별이 있는 종이를 회전시켰을 때, 이 5점별이 같아 보이는 위치는 몇 군데인가?

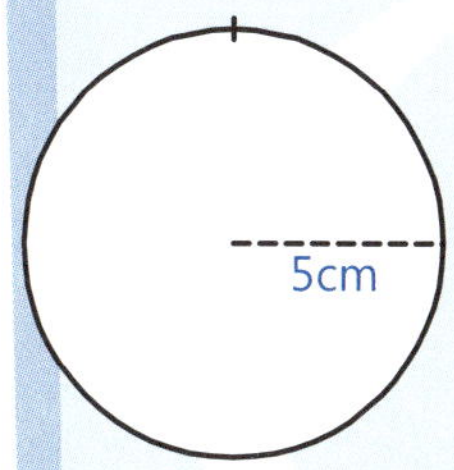

그림 8a

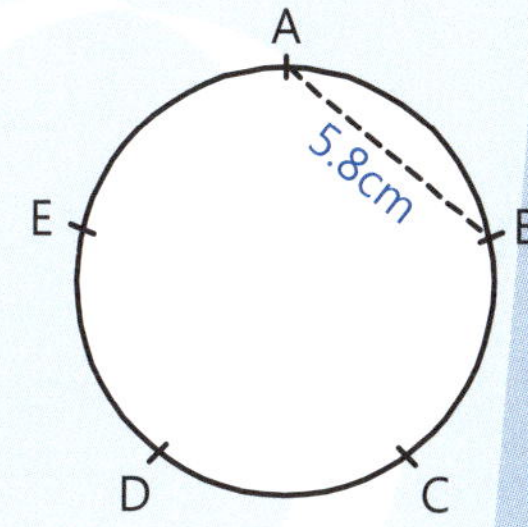

그림 8b

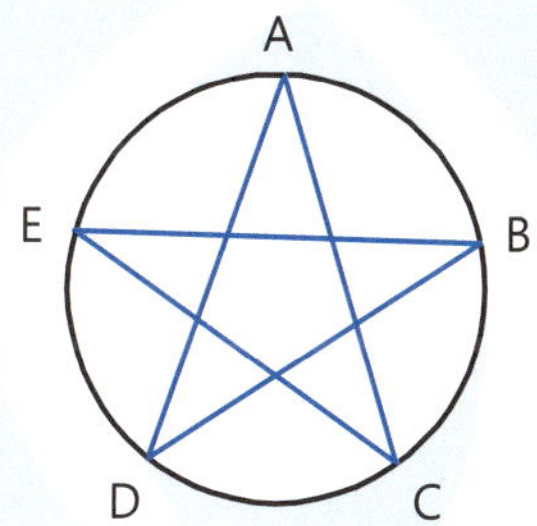

그림 8c

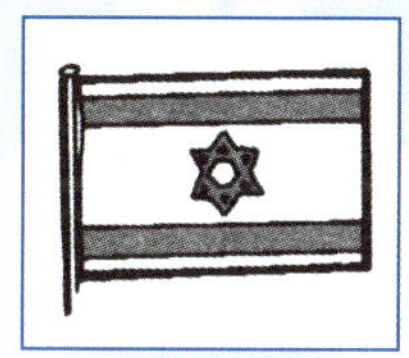

이스라엘의 국기
그림 8d

5점별 증식시키기

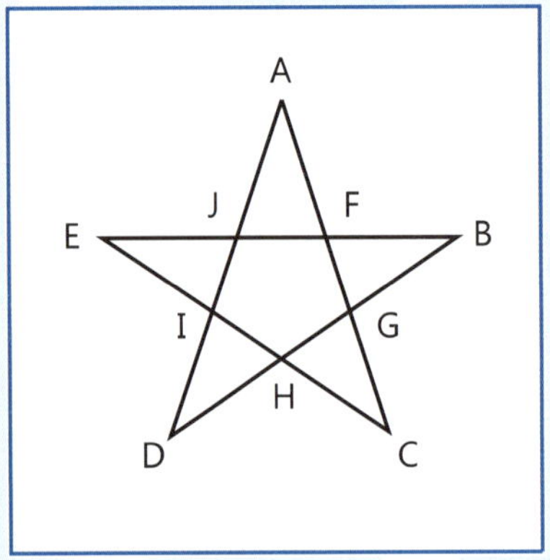

그림 9a

이전 활동에서 5점별을 그릴 때 종이에서 연필을 떼지 않고 그릴 수 있었는가? 우리가 그린 그림을 펜타그램(5점별)이라고 부른다. 이것은 아주 오래된 고대의 기호이다. 고대 바빌로니아 사람들은 이것을 마법주문이라고 여겼다. 아일랜드의 켈트족 사제들에게, 이것은 마녀의 발이었다. 일부 사람들은 이 기호를 악마로부터 보호와 안전함의 상징이라고 믿었다. 따라서 많은 국가에서 이것을 자신들의 국기에 넣은 것은 이상할 것이 없는 것이다!

이제 종이에서 연필을 떼지 않고 5점별을 연속으로 계속해서 그리는 방법을 배워보자.

준비물

- 백지
- 연필
- 지우개
- 컴퍼스
- 자
- 사인펜 또는 색연필

1. 일반 연필로, 이전 활동에서 한 설명에 따라서(119쪽 참고) 꼭짓점 A, B, C, D, E를 갖는 5점별을 하나 그린다. 이 원을 지운다.

2. 그림 9a와 같이 F, G, H, I, J점을 표시한다.
3. 색연필을 이용해서 A점에 위치해 있는 작은 별을 그린다. F점에서 시작해서, F와 A를 연결하고, A와 J를 연결한다.
4. J에서 K로 선을 긋고, K에서 L로, 그리고 F로 돌아온다. 자신이 그린 모든 선들은 3. 에서 그린 선들과 길이가 같아야 한다. 그림 9b
5. 색연필로, F와 G를 연결한다. 그러고 나서, B점에 위치해 있는 작은 별을 그린다.
6. 큰 별의 각 꼭짓점에 위치하는 작은 별을 모두 그릴 때까지 계속한다. 그래서 시작한 점이 F점으로 돌아온다.

5개의 작은 별을 그리는 동안 전체 큰 별을 따라가야 한다. 종이에서 연필을 떼지 않으면서 하나의 연속된 선으로 전체 과정을 실행할 수 있다. 그림 9c

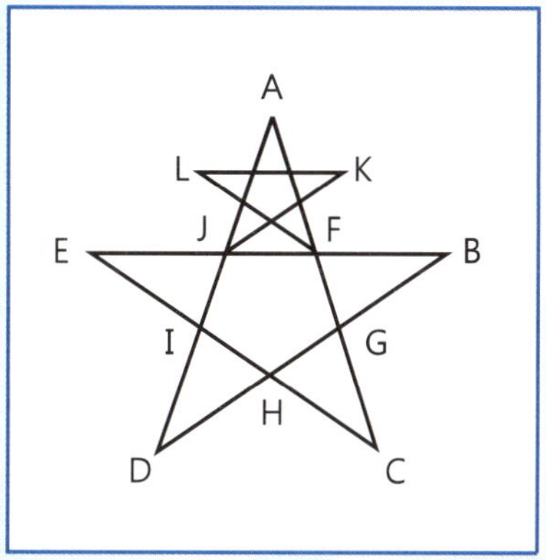

그림 9b

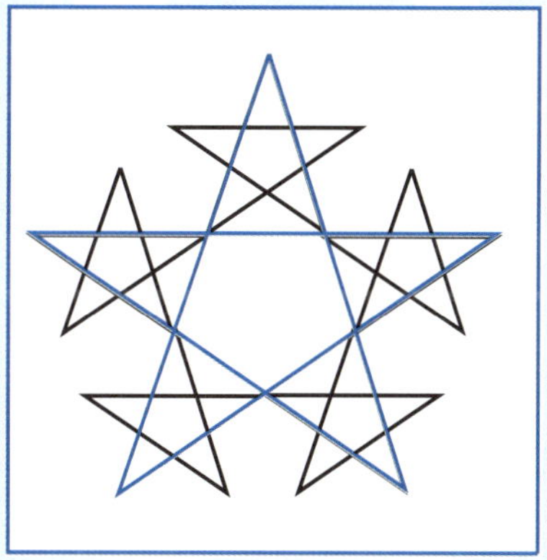
그림 9c

한 붓 그리기로 별 그리기

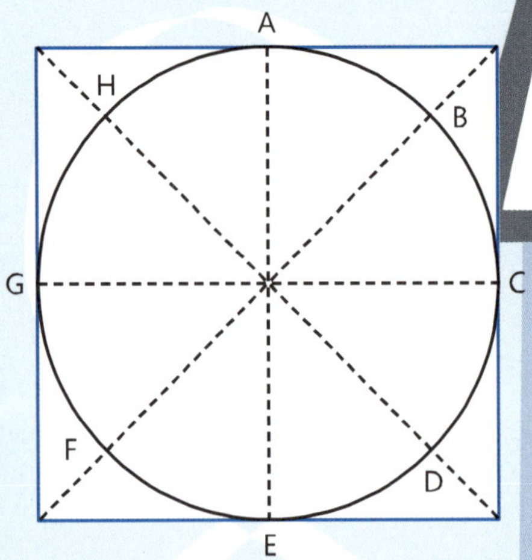

그림 10a

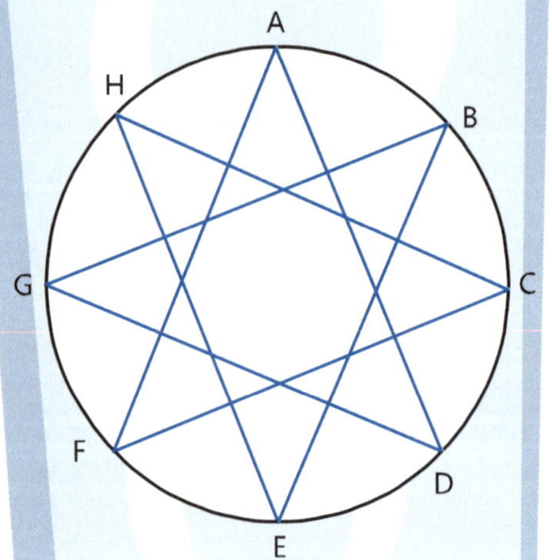

그림 10b

종이에서 연필을 떼지 않고 5점별을 그리는 방법을 배웠기 때문에, 한 붓 그리기로 8점별을 그릴 수 있을 것이다. 8점별은 양탄자, 퀼트, 매트, 그리고 다른 수제품에서 매우 흔하다. 공장에서 만든 제품들에도 장식으로 8점별이 있다. 이 장의 후반부에서 퀼트 제작자들이 8점별을 무늬 요소로 활용하는 방법을 배울 것이다.

준비물

- 종이
- 연필
- 자
- 컴퍼스
- 크레용 또는 마커펜

8점별 만들기

이 방법으로 종이에서 연필을 떼지 않으면서 8점별을 그릴 수 있다.

1. 큰 정사각형을 하나 그린다. 연하게 2개의 대각선을 그린다. 그러고 나서 중심을 지나는 가로선과 세로선을 그린다.
2. 중심에 컴퍼스의 바늘을 놓고 이 정사각형의 안쪽에 정사각형의 4점을 지나는 원을 그린다.
3. A부터 시작해서 H까지 원 위에 각 점을 표시한다. 그림 10a
4. A–D–G–B–E–H–C–F–A의 순서로 자를 이용해서 점들을 잇는 선을 그린다. 다시 말해서, 선을 그릴 때 점 2개씩 건너뛰며 선을 그린다. 규칙은 원 위의 한 점에서 시작해서 다른 점으로 이동하되 2점씩 건너뛰며 계속해서 선을 그리는 것이다. 한 붓 그리기로 8점별을 완성한 것이다. 이제는 불필요한 선들을 지운다. 그림 10b
5. 원하는 대로 별을 색칠한다.

생각해보고 실행하기

1. 종이에서 연필을 떼지 않으면서 7점별을 그려보자. 원을 하나 그리고, 이 원 위에 7개 점의 거리가 균등하게 7점을 표시한다. 점들 사이의 거리를 계산하거나 각도기를 사용해서 중심에서 51도 되는 호(弧)를 7개 그린다. A에서 G의 순서로 각 점들에 이름 붙인다. 그리고 한 번에 2개씩 점을 건너뛰면서 이 점들을 연결한다. 항상 원 위의 한 점에서 다른 점으로 선을 그릴 때 직선으로 그린다. 그림 11a

2. 이스라엘의 국기에 있는 것처럼 6점별을 종이에서 연필을 떼지 않으면서 그리도록 시도한다. 원 상의 한 점에서 다른 점으로 선을 그릴 때 직선으로 그려야 한다는 것을 기억해야 한다. 이것은 한붓 그리기로 할 수 없다. 왜 그런 것일까? 그림 11b

3. 각 유형의 별에서 선대칭과 회전대칭을 조사한다.

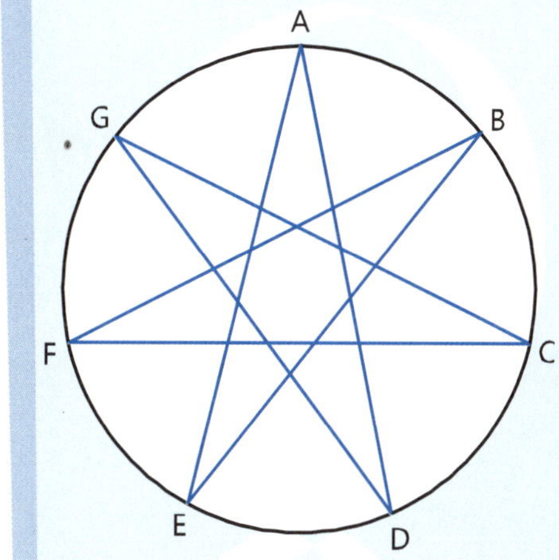

그림 11a

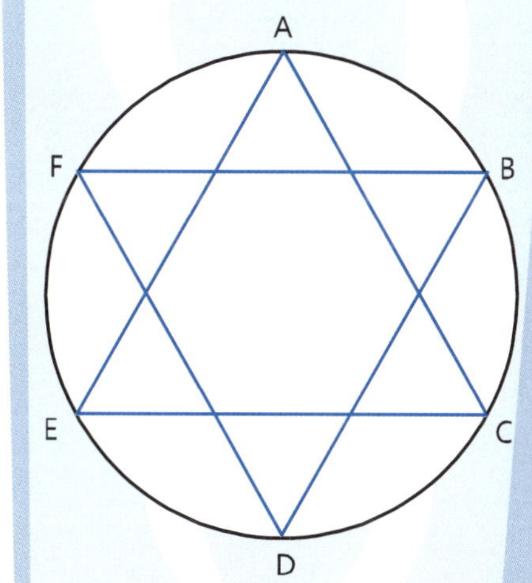

그림 11b

아메리카 인디언 **나바호족의 직조**

나바호족의 깔개
그림 12a

출처: Sophie와 David Smith의 수집품 중에서

나바호족*Navajo*은 그들 자신을 *Dine*(디네이로 발음한다.)라고 부른다. 이 단어는 그들의 언어로 "국민*people*"을 의미한다. 300년 동안 나바호족 여자들은 아름다운 담요와 깔개를 직조해오고 있다. 이들이 만든 직조물은 "미대륙 최초의 태피스트리"로 인정받고 있으며, 여러 박물관에서 좋은 지점에 전시되어 있다. 나바호족은 이웃 종족인 푸에블로족*Pueblo*으로부터 직조 기술을 배웠다.

처음에 여자들은 가족들이 잠잘 때 가족들이 덮을 수 있는 담요를 직조하였고, 또한 추운 계절에 벽에 둘러서 추위를 대비하기 위한 담요를 직조하였다. 후에, 그들은 다른 사람들에게 판매할 목적으로 깔개를 직조하기 시작했다. 일부 깔개는 단순한 기하 무늬를 갖고 있다. 다른 것들은 복잡하고 비싸다. 그렇기에 한 여성이 작은 깔개라 할지라도 복잡한 깔개를 직조하는 데는 여러 달이 걸릴 수 있다.

나바호족 직조공들은 활자화된 패턴 또는 설명서 없이 작업을 한다. 그들은 여러 무늬들의 가닥수를 기억하고 주의 깊게 짠다. 나바호족 보호구역 안에 있는 여러 공동체는 그들 자신만의 스타일을 발전시켰다. 매년 각 스타일 별로 가장 아름다운 깔개를 만든 사람에게 상을 주는 여러 대회가 열린다.

과거에는 뿌리, 장과류, 나무껍질, 과일, 그리고 꽃으로부터 만든 염료로 양모를 염색하였다. 가장 흔한 색상은 흰색과 함께 회색, 검정색, 황갈색, 노란색, 빨간색, 갈색이었다. 오늘날 직조공들은 공장에서 만든 합성염료와 더 많은 색깔을 사용할 것이다. 그림 12a

그림 12a에 있는 깔개에서 주목한 것이 있는가? 이 깔개는 서로 다른 크기의 다이아몬드 모양이 여러 개 있다. 이 모양들은 서로 서로 닮았다. 이 깔개는 또한 닮은 삼각형으로 구성된 무늬가 여러 개 있다. 이들 모양들의 색깔은 회색, 검정색, 그리고 노란색이고, 이들 색깔은 흰색 바탕과 대조를 이룬다.

그림 12b에 있는 깔개는 하얀색 바탕에 검정색으로 된 중심 무늬와 황갈색 바탕에 테두리에 4개의 검정색으로 된 기하 무늬들이 있다. 이 깔개는 또한 테두리에 흰색 바탕에 연한 갈색으로 반복 패턴이 있다. 또한 중심 무늬 주변에서 몇 개의 작은 노란색 그리고 황갈색 기하 무늬를 볼 수 있다.

무엇을 보았는지 주의깊게 살펴보자

1. 각 깔개의 모양은 무엇인가?
2. 그림 12a에 있는 깔개를 보자. 어떤 무늬들이 한 번 이상 나타나는가? 이 무늬들은 정확하게 똑같은가? 수공예로 된 직조물들은 미세한 흠집이나 무늬가 다른 것들이 있지만, 공장에서 만든 깔개나 다른 모직물들에서는 흠집이나 다른 무늬를 볼 수 없다. 직조공이 깔개들을 정확하게 똑같게 만들 의도를 갖고 있다고 생각하는가?
3. 그림 12b를 보고 어떤 무늬들이 반복되고 있고, 이 무늬들이 몇 번이나 반복되고 있는지 알아보자.
4. 각 깔개에서 닮은 모양들을 찾아보자.
5. 각 깔개에서 선대칭과 회전대칭이 있는지 검토한다.
6. 각 깔개에서 대칭인 무늬 요소를 분석한다.

자신의 나바호족 깔개 만들기

준비물

- 백지 또는 공작용 종이
- 나바호족 색(선택사항)이 있는 색공작용 종이
- 연필
- 자
- 나바호색이 있는 크레용 또는 마커펜
- 가위 (선택사항)
- 풀 (선택사항)

나바호족 깔개
그림 12b

출처: Syrda Schnipper의 소장품으로부터

종이에 자신만의 깔개를 만들 수 있다. 한 가지 방법은 직사각형 종이 위에 보여준 패턴을 그리고 이것을 색칠하는 것이다. 또 다른 방법은 색종이로부터 여러 개의 기하 무늬를 잘라내고 이것들을 직사각형 종이에 붙이는 것이다. 자신이 선호하는 방법을 결정한다. 사용할 준비물은 이 방법에 따라 결정될 것이다. 두 방법을 혼합할 수도 있다. 큰 무늬 요소를 잘라 붙이고 크레용이나 마커펜으로 가장자리를 장식한다.

생각해보고 실행하기

1. 지도에서 나바호족 보호구역들의 위치를 찾는다. 이 보호구역은 동북 아리조나주, 서북 뉴 멕시코주, 그리고 동남 유타주에서 24,000제곱 마일에 걸쳐 분포해 있다. 이 나바호족은 미국에서 가장 큰 인디언 부족이다. 많은 나바호족은 영어뿐만 아니라 그들 자신의 고유한 언어로 말을 한다.
2. 나바호족이 만든 다른 깔개와 다른 예술작품 사진을 찾는다.
3. *Charles Blood*와 *Martin Link*가 집필한 『***The Goat in the Rug***』를 읽는다. 이 책에 나오는 *Geraldine*이라는 이름을 가진 염소가 나바호족의 깔개를 직조하는 방법을 이야기한다. (156쪽 참고)
4. *Chuck*와 *Andrea Mobley*가 집필한 『***Navajo Rugs and Blankets: A Coloring Book***』 (157쪽 참고) 그리고 나바호족의 문화와 역사에 관한 다른 책들을 찾아본다. 이들의 동족인 데나이족*Dene*족은 알래스카에 산다. 이들의 삶에 대해서도 알아보아도 좋을 것이다.

별 패턴의 조각누비patchwork 퀼트

미국 역사에서 영국이 지배하던 시기와 독립 초기에, 여자들은 퀼트를 만들 목적으로 퀼트모임을 만들고 친목회를 만들었다. 여자들은 함께 모였고 자신들의 작업을 계획하였다. 각 여자가 퀼트 블록이라고 부르는 여러 개의 정사각형을 만들었다. 그러고 나서, 여자들은 이것들을 함께 바느질해서 아름다운 침대 덮개를 만들었다. 종종 이들은 표준 무늬를 좇았지만, 때때로 이들은 그들 자신만의 고유한 무늬를 만들었다. 8점별 또는 별꽃은 인기 있는 무늬였다.

종종 퀼트모임은 여자가 가질 수 있는 유일한 여가였다. 이들이 만든 퀼트는 신혼부부들을 위한 선물이거나 서부로 이사하는 가족을 위한 작별선물이었다. 많은 아메리칸 인디언 공동체가 만든 퀼트들이 아메리칸 인디언을 위한 국립 박물관에 전시되어 있다. 퀼트는 북부로 탈출하는 노예들을 위한 안전한 집을 지원하는 체제인 "지하철도"와 관련 있었다. 이들이 선호하는 퀼트는 오하이오 별 *Ohio Star* 이라고 불리는 변광성이었다.

*Elizabeth Keckley*는 아름다운 퀼트 덕분에 자신과 아들이 노예 신분으로부터 벗어나 자유를 얻을 수 있었다. 훗날 *Elizabeth*는 링컨 대통령의 부인의 재봉사가 되었다. 오늘날 퀼트는 미국의 많은 집단들에서 점점 더 인기를 얻어가고 있다.

8점별과 별꽃 모양의 퀼트 블록을 만드는 다양한 방법이 있다. 종이로 몇 가지 유형의 별을 만들 것인데, 여기서는 두 가지 방법을 소개하겠다. 다음 활동에서 또 다른 방법을 배울 수 있을 것이다.

준비물

- 여러 색깔의 공작용 종이 여러 장
- 연필
- 자
- 마커펜 또는 크레용 (선택사항)
- 가위

그림 13a

오하이오 별
그림 13b

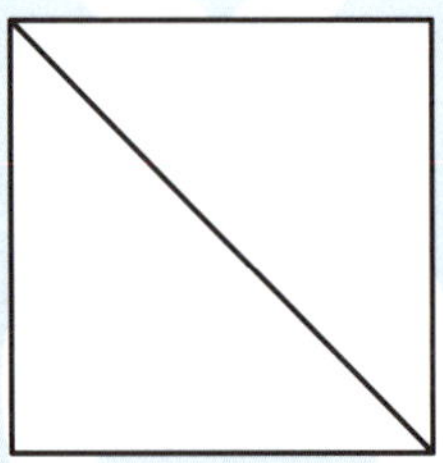

그림 14a

별 퀼트 블록 만들기

방법 1: 오하이오 별(변광성)

오하이오 별은 가장 간단한 무늬이다.

1. 연필과 자를 이용하여 서로 다른 색의 공작용 종이 3장에 5cm 정사각형을 여러 개 그린다.
2. 임의의 A색깔의 정사각형 5개, B색깔의 정사각형 3개, C색깔의 정사각형 1개를 자른다.
3. B색깔의 정사각형 2개 그리고 C색깔의 정사각형 1개를 대각선을 따라서 잘라 1/4크기의 삼각형을 만든다. 그림 13a
4. 그림 13b에 있는 모양처럼 이것들을 배열한다.
5. 이 모양을 다른 종이 한 장에 풀칠한다. 크레용이나 마커펜으로 장식을 하고 가장자리를 꾸민다.

방법 2

이 퀼트 블록은 한 아프리카계 미국 여성의 작품으로부터 모사한 것이다. 이 여성은 정사각형의 중앙에 자신의 메시지를 적었다.

1. 한 가지 색의 공작용 종이로 5cm 크기의 정사각형 8개 그리고 다른 색의 공작용 종이로 5cm 크기의 정사각형 4개를 잘라낸다.
2. 각 색의 정사각형 4개씩을 대각선을 따라 반으로 자른다. 그림 14a
3. 흰색 또는 밝은 색 종이에서 10cm 크기의 정사각형 하나를 자른다. 이 종이에 메시지나 시를 적고, 이름과 날짜를 기록한다.
4. 그림 14b에 있는 것처럼 이 정사각형들을 배열하고, 이것들을 다른 종이 위에 풀로 붙인다.
5. 그림 14c에서 볼 수 있는 것처럼 여러 가지 색의 삼각형들을 이용해서 별꽃을 만들 수 있다.

생각해보고 실행하기

1. 이 두 개의 별 무늬에서 선대칭과 회전대칭을 분석한다. 모양과 색깔을 살펴보자. 별 무늬만 살펴보기도 하고, 전체 퀼트 블록을 살펴보자.
2. *Margaret Bateson-Hill*가 집필한 『***Shota and the star Quilt***』를 읽는다(참고문헌 참고). *Shota*라는 라코타족 소녀와 그녀의 친구가 별무늬 퀼트를 만들어 자신들의 주택문제를 해결한다.
   이 책의 서두는 다음과 같이 시작한다.

"하늘이 내려 준 선물인 별을 찾아라.
진짜 행복은 별 조각누비의 빛에 놓여있다."

3. 아메리카 인디언, 아프리카계 미국인, 유럽계 미국인 여성들이 만들어낸 다양한 유형의 퀼트에 대해 알아보자. 이 무늬들은 닮은 점은 무엇이고 다른 점은 무엇인가?
4. *Ann W. Paul*이 집필한 『***Eight Hands Round***』(참고문헌 참고)를 읽고 "지하철도" 조직에서의 퀼트에 대해 알아본다.
5. 아프리카계 미국인으로 예술가인 *Faith Ringgold*가 집필한 『***Tar Beach***』를 읽어보자(참고문헌 참고). 그녀가 사용하는 삽화는 뉴욕시에서 자신의 어린 시절을 보여주는 채색되고, 맞춤식이고, 인쇄된 퀼트이다. (조각누비에 대한 정보를 주는 추가적인 책들이 참고문헌에 소개되어 있다.)
6. 자신의 고유한 퀼트블록 무늬를 만든다. 패턴 블록이나 속성블록을 가지고 있다면, 이것들을 이용해서 다양한 무늬를 만들 수 있다.
7. 친구와 함께 여러 개의 퀼트블록을 만들어 이것들을 큰 종이 또는 천에 부착시켜서 벽걸이용 퀼트를 만들어보자.

8점별
그림 14a

별꽃
그림 14b

더 많은 조각누비 퀼트 무늬들

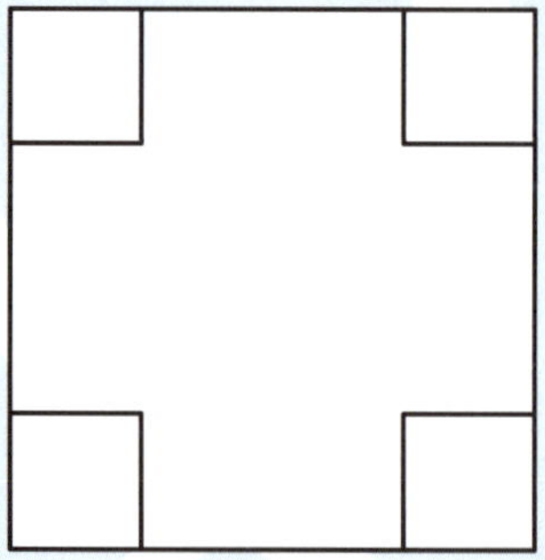

그림 15a

별꽃 무늬를 만들 수 있는 또 다른 방법이 있다. 이 방법으로 별꽃이 아닌 퀼트 블록의 부분을 구성할 수 있다. 이 블록의 남은 부분은 별꽃이 될 것이다.

준비물

- 흰색 또는 밝은 색 공작용 종이
- 연필
- 자
- 두꺼운 종이 또는 판지의 작은 조각
- 가위
- 색깔 마커펜 또는 크레용

1. 종이 한 장 위에, 연필을 이용해서 한 변의 길이가 17cm인 정사각형을 하나 그린다.
2. 두꺼운 종이나 판지에서 한 변의 길이가 5cm인 정사각형을 하나 오려낸다.
3. 큰 종이의 각 모서리에 이 작은 정사각형을 이용해서 정사각형을 그린다. 그림 15a
4. 그림 15b에서 볼 수 있는 것처럼, 각 변의 작은 정사각형 사이의 공간에 작은 정사각형을 대각선으로 넣고 삼각형을 그린다. 그림 15b
5. 별꽃의 외곽선이 생기는데 그림 15c에서 볼 수 있는 것처럼, 8장의 꽃잎을 구분되도록 선을 그린다. 또한 큰 별꽃 안에 있는 작은 별꽃을 그린다.
6. 이 무늬와 배경을 색칠한다. 이 퀼트블록에 장식을 하거나 테두리에 무늬를 주어도 좋다.

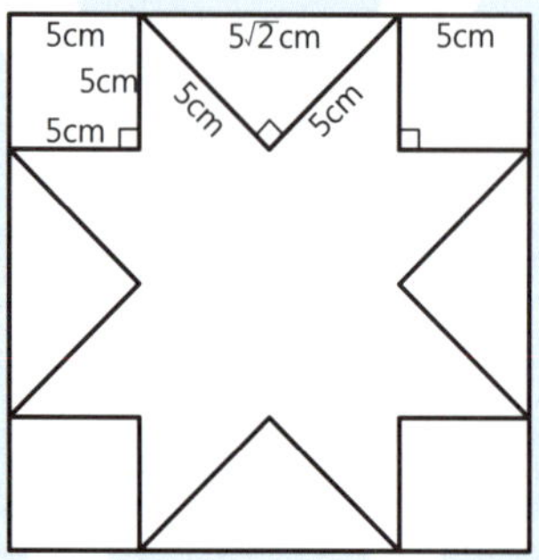

그림 15b

생각해보고 실행하기

1. 별 무늬에서 대칭성을 찾는다. 8개의 대칭축을 찾을 수 있을 것이다. 또한 이 무늬를 회전시켰을 때, 이 무늬가 8개의 서로 다른 위치에서 똑같아 보인다는 것을 알 수 있을 것이다.
2. 그림 15c에서 닮음꼴을 찾는다.
3. 이 별 무늬는 퀼트제작자들에게 매우 인기 있다. 이것은 많은 다양한 의미를 갖고 있다. 별 무늬를 이용한 다른 퀼트의 예를 찾아보자.
4. 그림 16은 멍키 렌치*Monkey Wrench*라고 하는 퀼트 블록 무늬의 단순한 버전이다. 이것이 왜 그런 이름을 가졌다고 생각하는가? 이것은 3×3 퀼트 블록에 만들어졌다. 색을 다르게 해서 4개의 삼각형과 4개의 직사각형, 그리고 이 두 색 중의 한 색으로 정사각형이 하나 필요하다. 이 퀼트 블록을 만들 수 있는 방법을 찾아보자.

8장의 꽃잎을 가진 별꽃
그림 15c

멍키 렌치 무늬
그림 16

쿠바의 라피아 벨루어
그림 1a

출처: Geoffrey Williams, *African Designs*

베닌의 청동 램프에 나타난 패턴
그림 1b

출처: D. W. Crowe, in Claudia Zaslavsky *Africa Counts*

8

반복 패턴

반복 패턴은 주변에 가득하다. 벽돌담이나 타일 바닥을 살펴본다. 인도에 있는 보도 블록은 또 다른 예이다. 아마도 걸으면서 선을 밟거나 건너뛰며 걸을 수 있을 것이다.

이번 장에 있는 대부분의 예들은 장식으로써 사용된 반복 패턴이다. 중앙아프리카의 콩고 민주 공화국의 쿠바족*Kuba*은 아름다운 패턴이 있는 천과 나무에 조각을 한 물건들로 인해서 오래 전부터 유명하다. **그림 1a**는 라피아 야자 섬유로 직조된 천에 있는 패턴을 보여주고 있는데, 이 천을 종종 "쿠바 벨루어*Kuba velour*"라고 부른다. 이 천은 가벼우면서도 두껍다. 이 천에 있는 무늬는 같은 무늬를 계속해서 반복하고 있다.

서아프리카에 있는 나이지리아 에도 주의 베닌*Benin* 시는 훌륭한 청동 물품들을 생산했다. **그림 1b**에서 볼 수 있는 모든 테두리 패턴들은 8개의 팔을 가진 청동 램프로부터 나온 것이다. 여기서 선을 따라 각 반복 패턴을 볼 수 있다.

이번 장에서는 테두리 그리고 전체 표면에 있는 반복 패턴을 볼 수 있을 것이다. 이들 예들은 세계의 여러 지역으로부터 유래한 것이다.

나이지리아의 핸드 페인팅 천은 다양한 무늬와 패턴을 보여준다. 반면에 일본의 수공예에서 한 무늬가 반복해서 자수되고 있는데 이를 "사시코*Sashiko*"라고 부른다. 스페인의 건축물과 고대 페르시아(지금의 "이란")의 책들에 있는 작은 핸드 페인팅 그림에서 이슬람 예술가들의 환상적인 작품들을 만날 수 있다.

후반부에서는 아메리칸 인디언 바구니에 있는 프렉탈로 끝나는데, 프랙탈이 무엇을 의미하는지 알아낼 수 있을 것이다.

헝가리의 자수

몇 년 전 헝가리에 있을 때, 서랍장을 덮기 위해서 아름다운 스카프 하나를 구입했다. 이 스카프의 대부분은 밝은 빨간색이고, 검정색, 빨간색, 그리고 하얀색의 줄이 가로질러 있었다. 그림 2a에 있는 것처럼, 끄트머리에 빨간색, 하얀색, 그리고 검정색으로 테두리가 되어 있다. 이 천을 짠 사람은 빨간색 또는 검정색 털실 여러 가닥을 뜨개질바늘에 꿰어서 검정색−흰색 배경에 자수를 놓았다. 그녀는 매우 조심스럽게 계속해서 반복하였다. 빨간색 털실 술 장식이 테두리에 매달려 있다. 농장 여인들은 자신들의 농장일과 가사일을 한 후에 아름다운 패턴이 놓인 천을 짜거나 자수를 하였다.

그림 2a에 있는 무늬에서 각 반복 패턴을 조심스럽게 찾아본 후, 선대칭과 회전대칭이 있는지 조사해보자. (대칭에 대해서는 106쪽을 참고하기 바란다.) 다음에 있는 각 무늬와 반복 패턴을 분석하였는지 점검해 보기 바란다.

1. 8점 별꽃
2. V자 모양의 무늬(V 모양이 위로, 그리고 ∧ 모양은 아래에 있는 형태)
3. 지그재그 줄
4. 아주 작은 십자가 또는 더하기 기호
5. V자 모양의 그림이 있는 두 줄 사이의 꽃 줄
6. 찾을 수 있는 다른 반복 패턴

각 유형의 반복 패턴은 다른 패턴과 어떻게 관련되어 있는가?

헝가리인의 자수 테두리의 스타일로 테두리 패턴을 설계할 수 있다. 그림을 그리기 전에, 테두리에 만들기 위해서 반복하고 싶은 무늬에 대해 생각해보자.

헝가리 사람의 테두리 패턴
그림 2

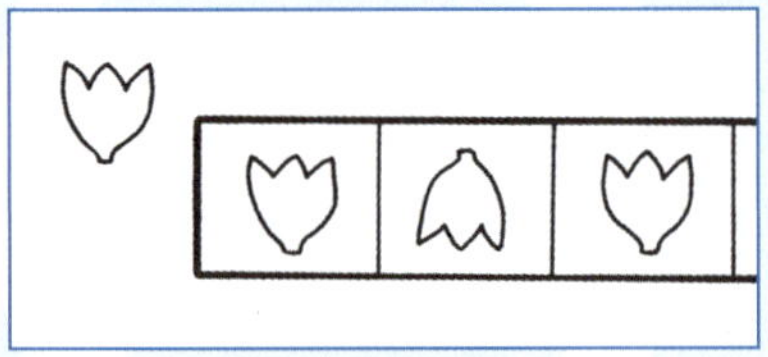

무늬와 반복 패턴
그림 2b

스텐실
그림 2c

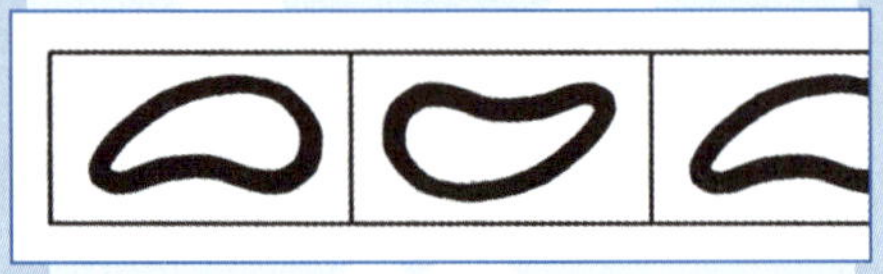

그림 2d

준비물

- 백지 또는 그래프 용지 여러 장
- 연필
- 자
- 가위
- 크레용 또는 칼라매직
- 마분지 또는 스티로폼

고유한 반복 패턴 만들기

1. 한 장의 종이 위에 생각한 테두리 패턴의 밑그림을 그린다. 한 줄의 반복 패턴을 만들 것인가, 아니면 헝가리 여인의 테두리처럼 한 줄 이상의 테두리를 만들 것인가?
2. 모눈종이 또는 백지에, 연필을 이용해서 두 개의 평행선을 그어서 트랙을 만든다. 이 두 선 사이에 반복 패턴을 만들 것이다. 두 선 사이에 있는 공간을 같은 크기의 직사각형으로 나누고 연하게 선을 그린다.
3. 무늬를 반복하기 위해서 사용할 방법을 결정한다. 아래에 두 가지 가능한 방법이 있다.

   본뜨기 방법. 두꺼운 종이나 스티로폼에 있는 무늬를 오려낸다. 첫 번째 직사각형의 중심에 무늬를 본뜨기한다. 자를 사용해서 길이를 측정하거나 그래프 용지의 칸 수를 센다. 다음 직사각형을 할 때, 이 무늬를 위로 뒤집기, 옆으로 뒤집기, 또는 이것을 180° 회전할 수도 있다. 그림 2b

   스텐실*Stencil* 방법. 트랙의 직사각형에 맞도록 두꺼운 종이나 스티로폼을 직사각형으로 자른다. 이 직사각형에서 한 무늬를 잘라내서 패턴으로 사용한다. 그림 2c
   연필을 가지고, 트랙의 첫 번째 직사각형에 이 무늬를 본뜬다. 두 번째 직사각형에 이 무늬를 위로 뒤집기 또는 옆으로 뒤집기를 할 수 있다. 그림 2d
4. 자신의 패턴에 색칠을 한다. 여기에 약간의 장식을 추가할 수 있다.
5. 다른 무늬를 사용해서 반복 패턴이 있는 다른 줄을 그린다.

생각해보고 실행하기

1. 유럽지도에서 헝가리를 찾아보자.
2. 반복 패턴이 있는 테두리를 가진 직조된 천의 사진을 찾아보자. 테두리 패턴을 가진 옷, 개인 접시 깔개, 또는 다른 물건들을 찾아보자. 무늬들이 어떻게 반복되고 있는가?
3. 자수하는 방법을 알고 있는가? 천 조각 위에 한 테두리 패턴을 자수해본다. 먼저 어떻게 할 것인지를 계획해야 한다.

테셀레이션 : 무늬 반복하기

벽돌 벽을 살펴보자. 어떤 모양을 볼 수 있는가? 벽돌의 면은 직사각형 모양이고, 이 직사각형 모양이 계속해서 반복되고 있다. 그림 3a

나의 욕실 바닥은 좀 더 흥미롭다. 이것은 회색 그리고 회색의 작은 정사각형 타일들이 덮여 있는데, 하얀 타일이 규칙적인 간격으로 되어 있다. 타일 패턴이 있는 바닥을 찾아보자. 그림 3b

전체 표면을 덮고 있는 반복 무늬를 테셀레이션이라고 부른다. 어떤 기하 모양이 테셀레이션이 가능한지 발견할 수 있다. 즉, 어떤 모양은 전체 표면을 덮을 수 있다. 벽돌 벽에서 알 수 있었던 것처럼 직사각형은 테셀레이션이 가능하다는 것을 알고 있다.

특별한 직사각형인 정사각형 또한 테셀레이션이 가능하다. 그래프 용지가 좋은 예이다. 삼각형과 다른 도형들은 어떤가? 이를 알아보기 위해서 실험을 할 수 있을 것이다.

실험: 테셀레이션이 가능한 모양들

준비물

- 백지 여러 장
- 두꺼운 종이 또는 스티로폼
- 연필
- 자
- 크레용 또는 색 마카펜
- 가위

벽돌 벽
그림 3a

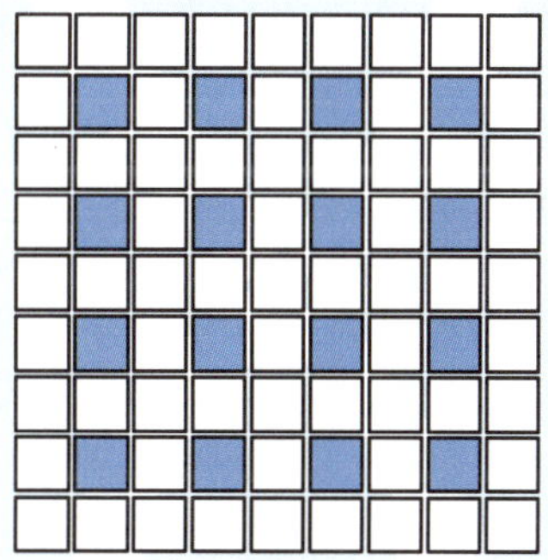

욕실 바닥
그림 3b

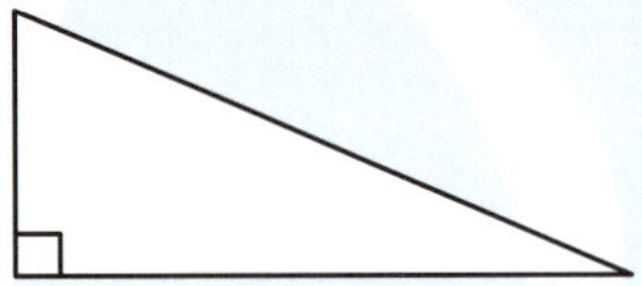

그림 4a

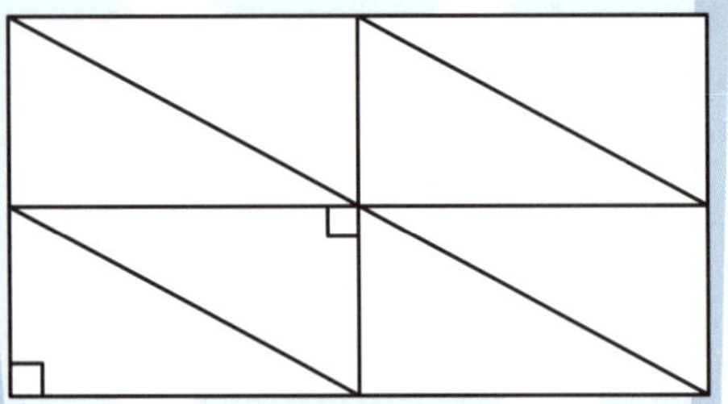

그림 4b

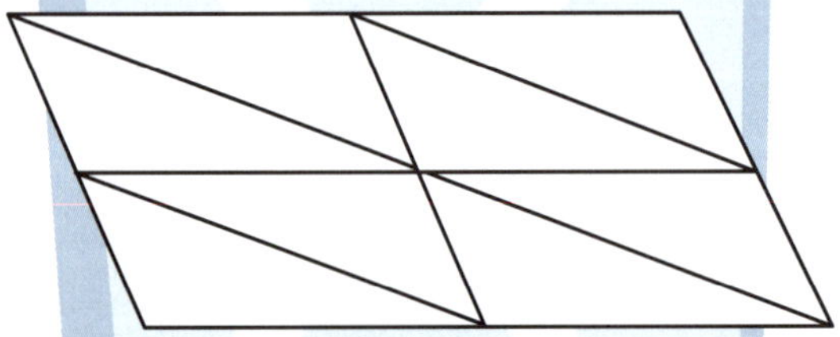

그림 4c

1. 두꺼운 종이에 직각삼각형을 하나 그린다.(두꺼운 종이의 모서리를 이용한다.) 짧은 변의 길이가 5㎝가 되도록 한다. 이것을 자른다. 그림 4a
   백지에 이 자른 삼각형을 대고 본뜨기를 한다. 이때, 사이에 공간이 없도록 하고 같은 길이를 가진 변들이 같이 있도록 한다. 그림 4b
   직각삼각형이 테셀레이션이 가능하다는 것을 볼 수 있다. 자신의 테셀레이션을 색칠한다.
2. 두꺼운 종이나 스티로폼에 둔각삼각형(한각의 크기가 90°보다 큰 삼각형)을 그리고, 이 삼각형을 자른다. 이 삼각형을 백지 위에 본뜨기를 여러 차례 한다. 이때 사이에 공간이 없도록 한다. 이 삼각형 또한 테셀레이션이 가능하다. 대조되는 색으로 이 테셀레이션을 색칠한다. 그림 4c
3. 사각형은 어떨까? 직사각형은 테셀레이션이 가능하다는 것을 알고 있다. 평행사변형은 어떨까? 그림 4c에 있는 테셀레이션을 살펴본다. 두 개의 인접한 삼각형이 평행사변형을 만들고 있다. 직사각형은 특별한 형태의 평행사변형이다. 그림 4c를 색칠해서 평행사변형이 분명하게 할 수 있다.
4. 다른 모양으로도 실험을 해본다. 모든 사각형이 테셀레이션이 가능한가? 오각형 그리고 육각형은 어떨까? 원은 테셀레이션이 가능한가? 찾아보자.

생각해보고 실행하기

1. 패턴블록 세트를 가지고 있는가? 만약 가지고 있다면, 차례대로 각 모양을 반복해서 테셀레이션을 만들어보자. 각 모양이 테셀레이션이 가능하다는 것을 찾아야만 한다. 그러고 나서, 두 개의 서로 다른 모양을 조합해서 시도해 보도록 한다. 예를 들어, 정사각형과 삼각형의 조합으로 테셀레이션을 만들 수 있는가? 이 정사각형의 크기가 삼각형의 변들과 어떻게 관련되어야 하는가?
2. *Aileen Friedman*이 집필한 『***Cloak for the Dreamer***』를 읽는다. (참고문헌 중 "아이들을 위한 책" 부분 참고.) 이 책은 한 재단사와 그의 3명의 아들에 관한 이야기이다. 첫째와 둘째 아들은 재단사가 되기를 원했다. 이들은 조각누비 코트를 디자인하여 자신들의 기술을 보여주고자 한다. 첫째인 *Ivan*은 벽돌쌓기처럼 직사각형으로 망토를 만든다. 둘째인 *Alex*는 삼각형을 사용해 망토를 만들고, 정사각형을 사용해 또 다른 망토를 만든다. 그러나 막내인 *Misha*는 세계로 나아가는 꿈을 갖고 있다. 그는 원모양으로 망토를 만들었다. 이 망토는 구멍들이 많아서 입을 수 없었다. 아버지와 두 명의 형이 이 문제를 해결한다. 이들은 각 원을 정육각형으로 자르고, 이것들을 함께 바느질해서 완성된 망토를 막내에게 주어서, 막내가 여행하는 동안 따듯하게 지낼 수 있도록 했다. 정육각형 모양이 이 문제를 해결한 이유는 무엇일까?

나이지리아의 아디라 천

녹말 염료로 된 아디라 천
그림 5a

내가 나이지리아를 방문했을 때, 나는 요로바족*Yoruba* 여자가 아디라*adire* 천을 준비하는 것을 지켜보았다. 요로바족은 서부 아프리카에 있는 나이지리아의 남서쪽에 살고 있다. 이들은 그들 자신의 고유한 언어와 문화를 가지고 있는데, 이것은 나이지리아의 다른 인종 집단의 그것과는 전적으로 다르다. 남자 옷과 여자 옷 모두 매우 우아하다. 아디라 천은 의복의 일부이다.

아디라라는 단어는 "묶고 염색하다"라는 뜻이다. 일부 아디라는 이 방법으로 만들어진다. 아디라 천을 만드는 사람인 알아디레는 아무것도 없는 흰 천에 있는 무늬들을 묶어서 이것을 염색공에게 보내서 염색(일반적으로 청색으로 염색한다)하도록 한다. 이 묶인 부분들은 흰색으로 남게 된다. 이 천을 묶고 염색하기를 여러 차례 한 후, 이 여인은 실을 자르고 이 천을 시장에서 판매한다.

내가 본 여자는 다른 방법을 사용하고 있었다. 그녀는 아디라 엘레코(녹말가루 염색)를 위한 패턴을 디자인하고 있었다. 그림 5a는 이 큰 천의 한 모서리를 보여주고 있다.

이 여인은 긴 하얀 천을 여러 개의 직사각형으로 나눈다. 각 직사각형은 서로 다른 무늬를 갖는다. 그림 5a에 있는 천은 많은 직사각형을 갖고 있다. 이 패턴은 "이바단은 아름답다"로 불린다. 이바단은 나이지리아의 요루바족이 거주하는 지역 중 가장 큰 도시이다.

이 무늬를 만들기 위해, 이 알아디레는 녹말가루와 물을 섞어서 찐득한 녹말 반죽을 만든다. 그리고 나서, 이 여자는 깃털이나 막대를 반죽에 담갔다가 천 위에 있는 무늬를 색칠한다. 이 여자는 자 또는 어떠한 모형에 의존하지 않는다. 이 모든 것이 이 여자의 기억과 상상에 의존한다. 어떤 무늬는 방금 일어난 사건 또는 이 여자의 인생의 일부분을 설명하는 반면에, 어떤 무늬는 많은 세월을 거슬러 올라간 어떤 사건을 설명해준다. 이 천이 염색되었을 때 주로 진청색으로 염색되는데 색칠된 부분은 하얀색 또는 옅은 파란색으로 남는다. 우리는 칠해진 부분은 염료가 흡수되지 않는다고 말한다. 이 염료는 쪽으로부터 얻는다. 그림 5a

그림 5a의 왼쪽 하단에 있는 큰 직사각형을 살펴보자. 이것은 많은 삼각형으로 이루어져 있다. 짙은 삼각형 하나와 옅은 삼각형 하나로 이루어진 많은 작은 정사각형들이 보이는가? 더 큰 정사각형들 안에서 바람개비를 찾을 수 있는가?

대각선들을 눈으로 따라가 본다. 옅은 것 2개, 짙은 것 2개, 즉 4개의 삼각형으로 형성된 중간 크기의 정사각형이 보이는가? 이 큰 직사각형에서 몇 가지 서로 다른 반복 패턴을 찾을 수 있을 것이다.

준비물

- 연필
- 자
- 흰색의 백지
- 짙은 파란색 사인펜이나 색연필

아디라 패턴 만들기

1. 연필과 자를 사용해서 10cm 크기의 정사각형을 그리고, 이것을 16개의 2.5cm 크기의 정사각형으로 나눈다. 그림 6a
2. 대각선을 그려서 각 정사각형이 두 개의 삼각형으로 나누어지게 한다. 그림 6b
3. 이 삼각형들의 반은 파란색으로 칠하고 나머지 반은 흰색으로 색칠한다. 그림 6c
   바람개비가 보이는가? 작은 정사각형, 중간 크기의 정사각형, 큰 정사각형이 보이는가? 그림 6d
   자, 이제 아디라 천을 만드는 알아디레가 되었다.

생각해보고 실행하기

1. 아프리카의 여러 가지 종류의 천이 있는 사진을 찾는다. 패턴과 대칭을 찾는다.
2. 아프리카 지도에서 나이지리아를 찾는다. 남서쪽의 이바단을 찾는다. 이웃 도시인 아베오쿠타*Abeokuta*는 아디라 생산의 중심지다.

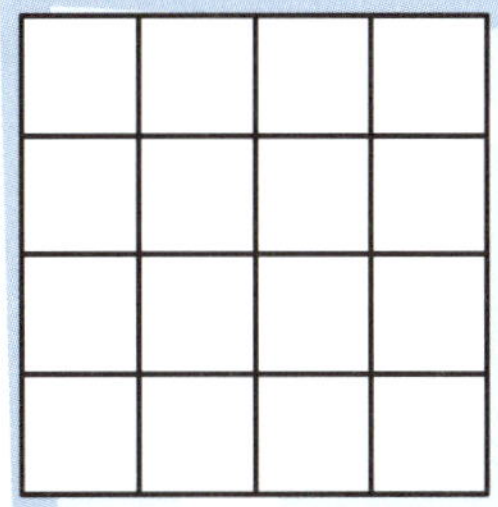
그림 6a

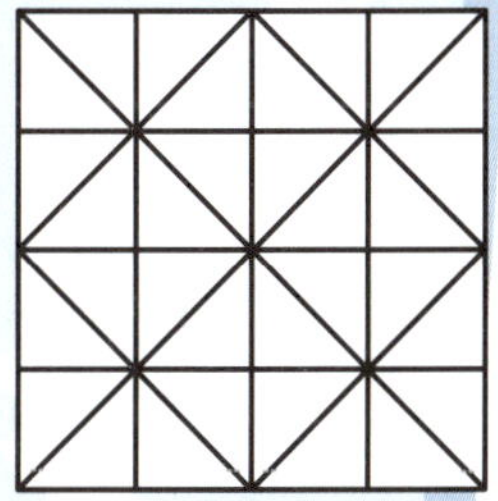
그림 6b

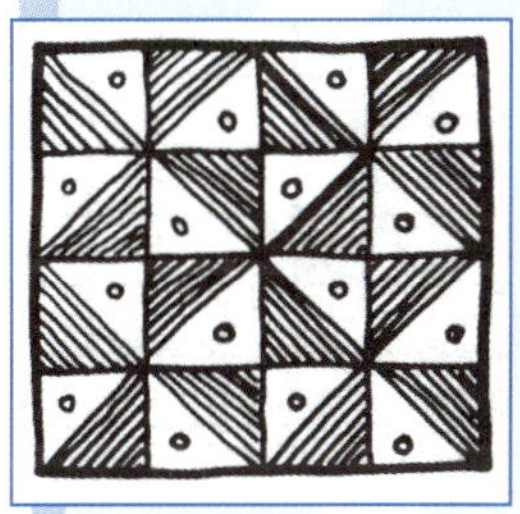
그림 6c

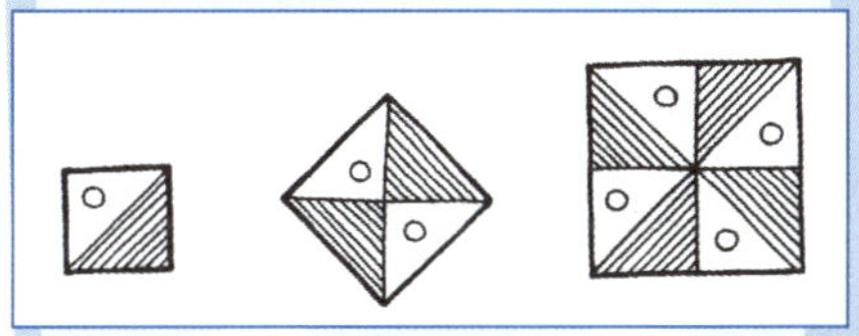
그림 6d

[첫 번째 활동] 일본의 사시코 자수

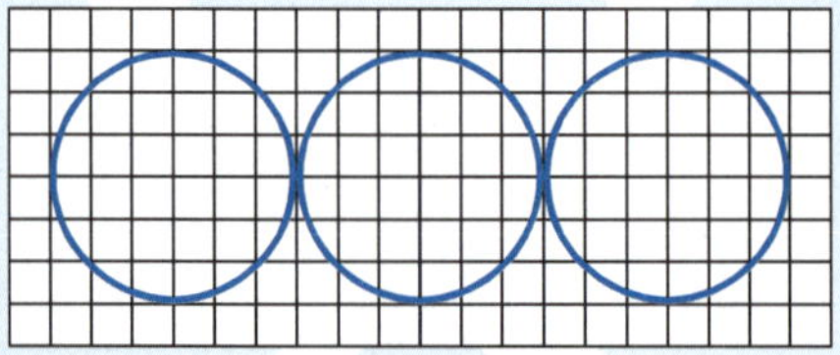

그림 7a

사시코는 일본 어머니들이 딸에게 가르쳐 주는 자수의 한 종류의 이름이다. '코'로 끝나는 일본 이름을 볼 때, 이것이 여자 아이나 여자들과 관련 있다는 것을 알 것이다. 사시코 패턴은 기하 도형에 기초한다. 이 무늬들은 자연과 환경(파도, 식물의 잎, 거북등껍질 등)에서 영감을 받았고, 계속해서 반복된다. 이 무늬들은 푸른 천 위에 러닝 스티치(자수에서 홈질하는 기법의 하나)로 흰 색 실로 윤곽 처리되어 있다. 예전에는, 이 염색은 쪽에서 얻었다. 오늘날, 공장에서 염색된 천이 일반적이다. 퀼트와 옷에서 사시코 바늘땀은 이 천을 강하게 만들고 더 오래 입을 수 있도록 해 준다.

종이 위에 이 패턴을 연습할 수 있다. 일단 이 패턴을 만드는 방법을 배우면, 패턴을 천에 옮길 수 있고, 자수를 할 수 있다.

인기 있는 패턴은 서로 맞물려 있는 원을 토대로 하는 *Seven Treasures*이다. 이 패턴은 미국에서 퀼트를 즐기는 사람들 사이에서는 더블 웨딩 링 패턴*Double Wedding Ring pattern*으로 알려져 있다. 이것은 그리기 쉬운 패턴이어서, 우리는 이것부터 시작할 것이다.

준비물

- 그래프 종이
- 연필
- 컴퍼스 또는 병뚜껑
- 청색 마커펜 또는 크레용

사시코 반복 패턴*Seven Treasures* 그리기

1. 그래프 용지에 지름이 약 5cm인 원을 그린다. 원의 크기는 중요하지 않다. 중요한 것은 지름이 모눈의 짝수 칸의 길이이어야 한다는 것이다.
2. 한 줄로 서로 접하게 같은 지름으로 2개의 원을 더 그린다. 우리는 이것을 원들이 서로 접한다고 말한다. 그림 7a
3. 같은 지름으로, 2.에서 그린 원들의 접점에서 원, 반원, 4분원을 그린다. 자신의 그림이 그림 7b처럼 보일 때까지 계속해서 그린다.
4. 자신의 패턴에 색칠한다. 4잎을 가진 꽃이 보이는가?

   나는 박물관에서 300년 된 붉고 황금빛을 띈 예복에서 이 반복 패턴을 봤다. 그림 7c에 있는 것처럼, 각 원 안에 4잎을 가진 황금색의 꽃이 있었다.

생각해보고 실행하기

일본 사람들의 예복이나 다른 자수된 옷의 그림을 찾는다. 어떤 패턴을 볼 수 있는가?

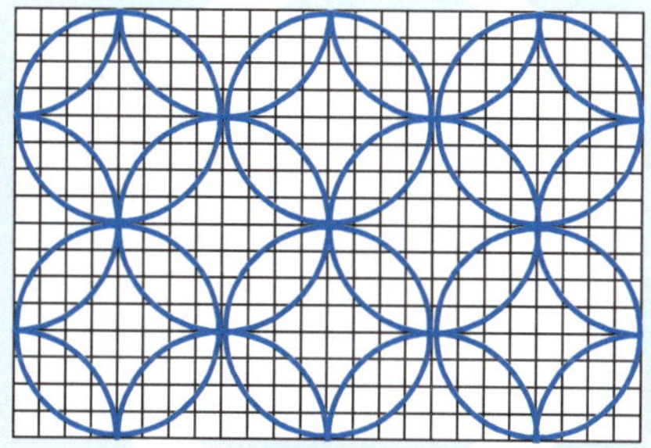

Seven Treasures 패턴
그림 7b

Seven Treasures 패턴
그림 7c

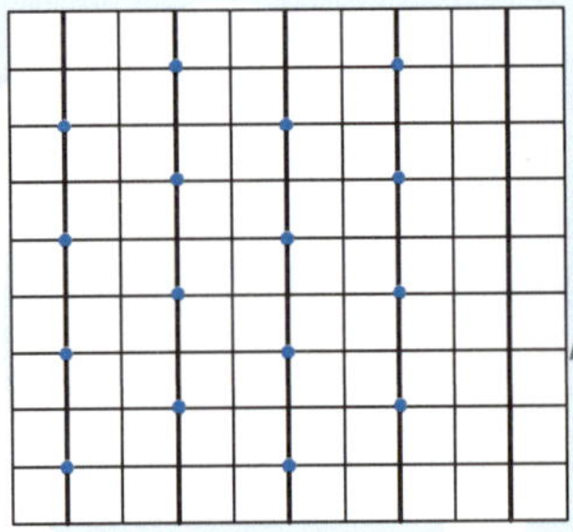

그림 8a

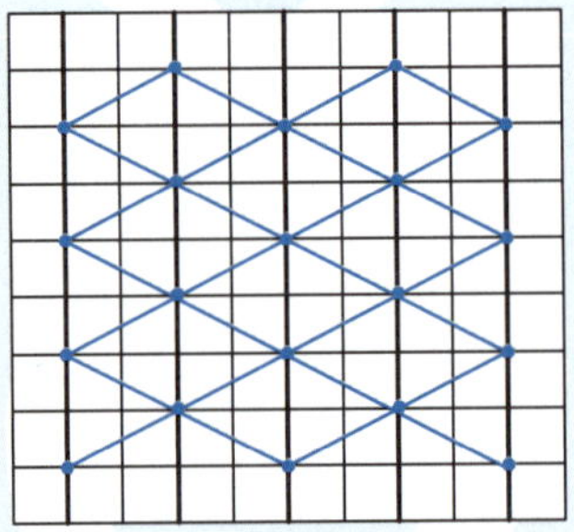

그림 8b

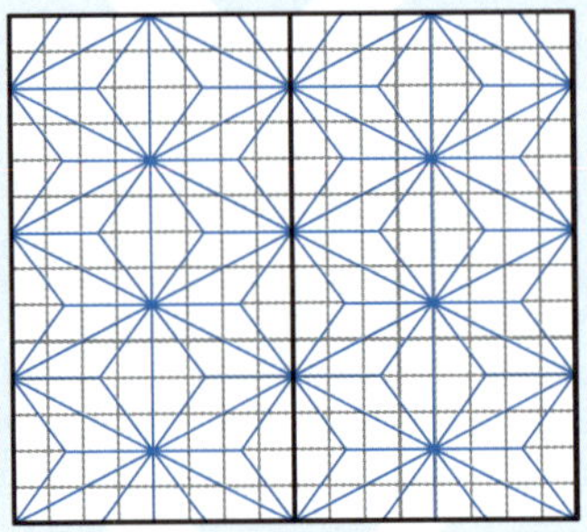

삼잎 패턴
그림 8c

[두 번째 활동] 일본의 사시코 자수

많고 다양한 사시코 패턴이 있다. 가장 흔한 것은 삼잎*Hemp Leaf* 패턴인데, 이 패턴이 천을 아주 강하게 하기 때문일 것이다. 이것은 종종 퀼트를 만드는 데에 사용되기도 한다.

준비물

- 그래프 용지
- 연필
- 자
- 블루 마커펜 또는 크레용

삼잎 패턴 그리기

1. 그래프 용지의 왼쪽 하단을 따라서, 가로로 일정한 간격으로 점들을 찍는다. 점들이 네 칸씩 떨어져 있다고 생각해보자. 사용하는 그래프 용지의 종류에 따라서 점들의 간격을 짝수로 일정하게 선택하면 된다.
2. 오른쪽으로 4칸(또는 자신이 정한 어떤 수)씩 옮겨가며 점을 찍고, 그 윗줄에서 이 점들이 위치한 곳에서 좌우로 2칸(4칸의 반)씩 이동한 곳에 점들을 찍는다. 이런 방식으로 여러 줄에 더 점을 찍는다. 그림 8a
3. 수직선과 대각선으로 점들을 연결한다. 그림 8b
4. 그림 8c에서 볼 수 있는 것처럼, 나머지 선들을 채워 넣는다. 먼저, 수평선들을 그리고, 이것들을 연결해서 마름모 모양을 만든다.
5. 자신의 패턴을 색칠한다. 6잎을 가진 꽃을 볼 수 있는가?

생각해보고 실행하기

중국인들은 오래 전부터 홀치기 염색으로 쪽빛 천을 생산해왔다. 가장 오래된 천은 683년까지 거슬러 올라가는 한 무덤에서 발견된 것이다. 일본에서 이런 유형의 천은 시보리라고 부른다. 지도에서 일본과 중국을 찾는다. 중국과 일본의 홀치기 염색으로 쪽빛 천을 만드는 전통에 어떤 연관이 있다고 생각하는가?

스페인의 이슬람 예술

이슬람교는 7세기 중동지역에서 형성되었다. 8세기에 이슬람교와 이슬람 문화는 북아프리카와 터키를 지나 스페인에서부터 인도까지 퍼졌다. 이슬람 문화는 여러 종류의 종교를 가진 예술가, 과학자 그리고 수학자를 포함하였다. 이 사람들의 대부분은 이슬람교를 믿는 회교도였지만, 일부 사람들은 기독교인이거나 유대교인이었고, 다른 종교를 가진 사람들이었다. 아랍어는 그 당시에 과학언어였다.

이슬람교의 몇몇 분파들은 사람 혹은 동물의 그림을 허락하지 않았다. 우상숭배로서 생각될 수 있었던 그런 그림들은 허락되지 않았다. 예술가들은 단지 컴퍼스와 눈금이 없는 직선자를 이용하여 기하 패턴을 그렸다. 이들은 이 기구들만으로 평면에 무늬를 넣은 색의 조합인 아름다운 모자이크를 고안했다. 그 타일들은 전 표면을 빈틈없이 채웠다. 동일한 무늬가 계속해서 반복되어서 테셀레이션을 형성하게 된다. 회교사원과 궁전의 벽은 그러한 테셀레이션으로 덮혔다.

몇 년 전 나는 스페인 남부 그라나다 도심의 알람브라 궁전을 방문했었다. 북아프리카 출신의 회교도인들은 8세기부터 1492년 그들이 축출되기까지 그 지역을 통치하였다. 알람브라에 있는 궁전들은 세계에서 가장 아름다운 이슬람 예술을 보여준다.

그림 9에 있는 타일 벽은 『*Hall of Repose*』에 있는 것이다. 이곳은 왕과 법관들이 목욕으로 여독을 풀고 음악가들이 마음을 달래주는 음악을 연주하는 휴식의 공간이다. 이 무늬는 공중으로 떠오르는 것을 나타내는 "나는 삼각형"에 기초하였다. 그것의 색깔은 밝은 파랑, 짙은 파랑, 황금빛 갈색, 그리고 흰색이다. 타일 사이에 있는 흰 공간은 실제로 흰색의 나는 삼각형이다.

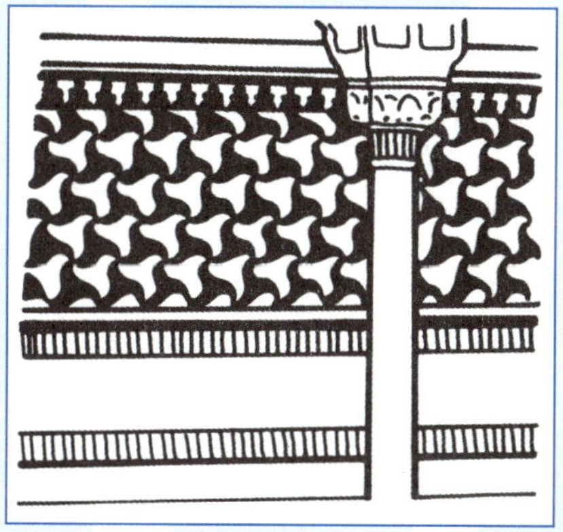

알람브라에 있는 "나는 삼각형" 모자이크
그림 9

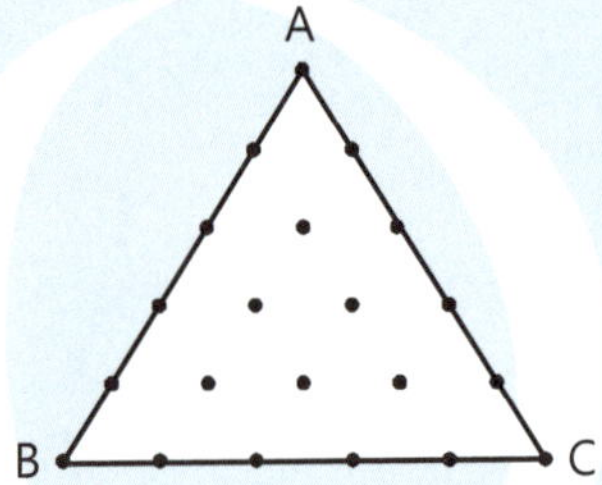

그림 10a

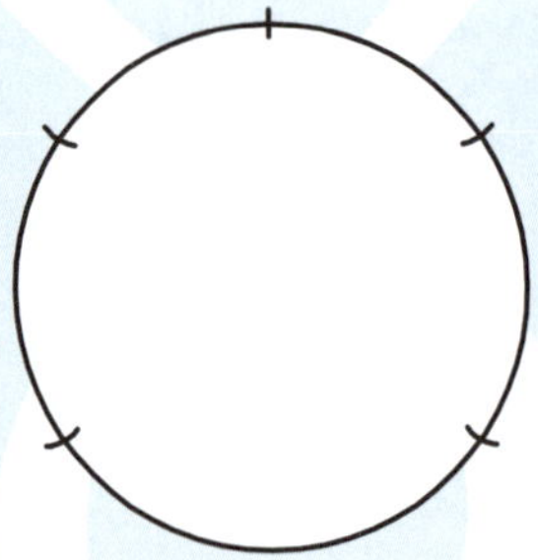
그림 10b

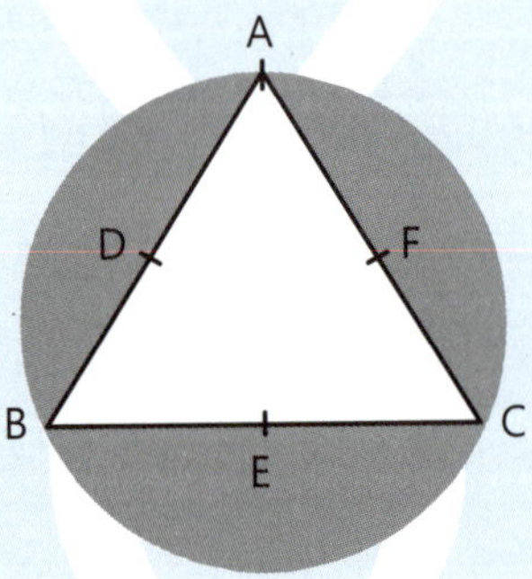

그림 10c

우리는 삼각형으로 훌륭한 모자이크를 그릴 수 있다.

준비물

- 두꺼운 종이 또는 스티로폼
- 흰색 백지 또는 정삼각형 그래프 용지
- 흰색 또는 옅은 색의 공작용 판지
- 연필
- (제도용) 컴퍼스
- 자
- 가위
- 접착제 (선택사항)
- 크레용 또는 색마커펜

"나는 삼각형" 그리기

먼저 두꺼운 종이 또는 스티로폼에 형판 또는 패턴을 만들 것이다. 그러고 나서, 원하는 만큼 이 형판을 여러 차례 본뜨기 할 것이다.

1. 만약 정삼각형 그래프 용지를 사용한다면, 한 변의 길이가 10cm인 정사각형을 하나 잘라 이것을 두꺼운 종이 위에 붙인다. 한 변이 5cm인 정삼각형을 하나 그린다. 꼭짓점들에 A, B, C라고 이름을 붙인다. 그림 10a
   만약 백지를 사용한다면, 다음 지시사항을 따른다.
   a. 두꺼운 종이나 스티로폼 위에 지름이 6cm인 원을 하나 그린다. 이 원 위에 표시를 하나 한다. 같은 반지름을 사용하면서, 컴퍼스 바늘을 그 점 위에 올려놓고 두 점을 표시한다. 컴퍼스 바늘을 이 두 점에 올려놓고 두 점을 더 표시한다. 그림 10b
   b. 자를 사용하여 원 위의 세 점을 잇는 선을 그려서 정삼각형을 그린다. 꼭짓점에 A, B, C라고 이름을 붙인다. 이 원은 지운다.
2. 각 변의 중점을 표시하고 이름 붙인다. 그림 10c

3. AB변의 중점인 D에 컴퍼스 바늘을 위치한다. 그리고 B점을 지나는 호를 그려서 E점을 구한다. 컴퍼스 바늘을 E점에 위치해서 C점을 지나는 호를 그려 F점을 구한다. F점에 컴퍼스 바늘을 위치하여 A점과 D점을 지나는 호를 그린다. 그림 10d
4. 이 컴퍼스로 같은 반지름을 사용한다. 이 삼각형의 밖에 컴퍼스 바늘을 위치하고 점 D와 점 B를 지나는 호를 그린다. 마찬가지로, 점 E와 점 C를 지나는 호를 그리고, 점 F와 점 A를 지나는 호를 그린다. 그림 10e
5. "나는 삼각형" 형판을 잘라낸다. 그림 10f
6. 두꺼운 종이 위에 이 형판을 본뜬다. 그러고 나서, 이 형판을 뒤집어서 이것을 삼각형의 한 변에 놓고, 본뜨기를 한다. 삼각형으로 모자이크를 형성할 때까지 계속한다. 그림 10g
7. 하나 건너씩 나는 삼각형에 색칠한다. 그림 10h

생각해보고 실행하기

1. 지도상에서, 천 년 전 이슬람 영향 아래에 있던 나라들을 찾아보자.
2. 알람브라와 그밖에 다른 곳에서도 이슬람 예술의 좀 더 많은 예를 찾아보자. 기하 모양뿐만 아니라, 이슬람 예술가들은 종종 식물과 비문 또는 이슬람 성전이 코란의 책명에 이용했다.
3. 20세기 네덜란드 예술가인 에셔*M. C. Escher*는 알람브라를 방문했었고, 이 방문은 그의 삶을 바꾸는 계기가 되었다. 그는 무늬 모티브로 새, 물고기, 곤충, 그리고 그 밖의 생명체를 사용해서 가장 특이한 종류의 테셀레이션의 대가가 되었다. 에셔의 작품을 찾아보고 그의 작품을 분석해보자.

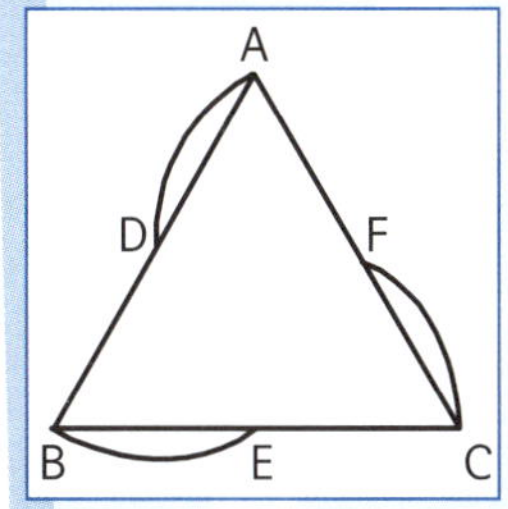

그림 10d

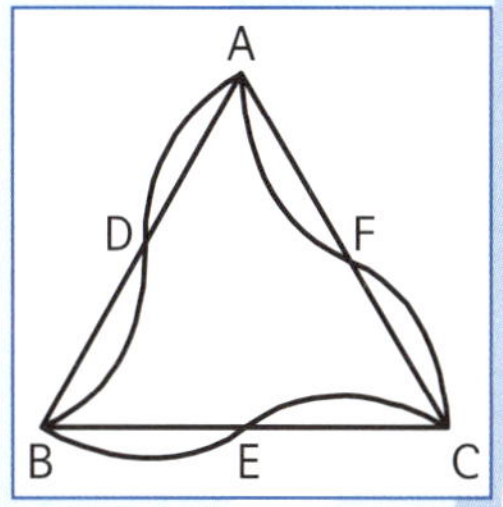

그림 10e

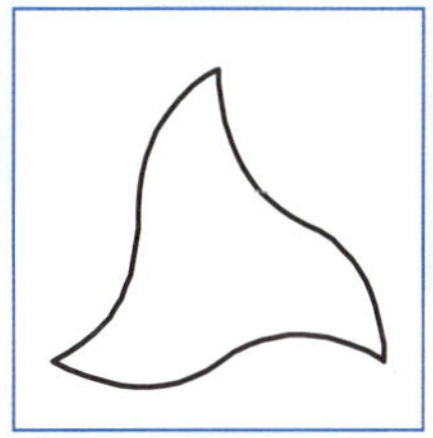
그림 10f

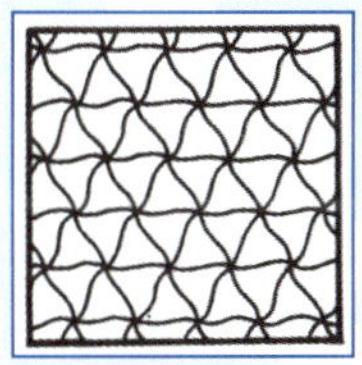
그림 10g

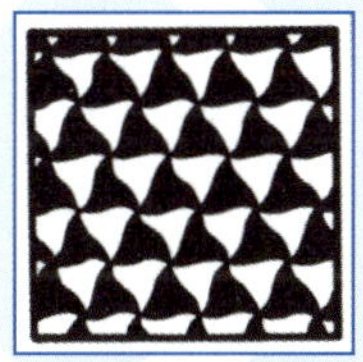
그림 10h

이란(과거 페르시아)의 이슬람 예술

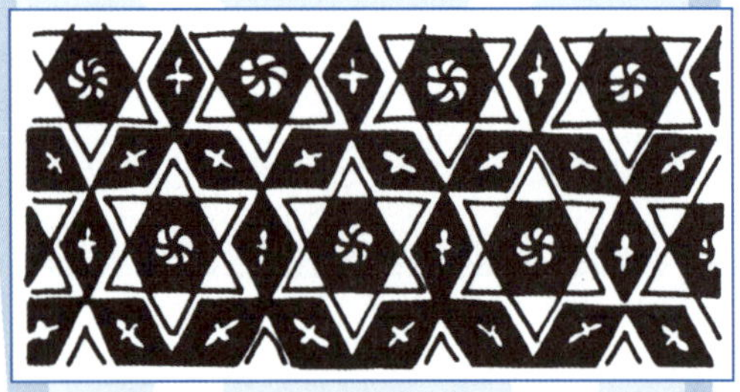

정치의 서(書)에 있는 그림 중 일부
그림 11

출처: Claudia Zaslavsky, *Multicultural Mathematics* (J. Weston Walch 출판사)

페르시아(현재의 이란)는 왕과 왕족의 역사를 전해주는 핸디 페인팅 한 아름다운 책들로 유명하다. 그림 11은 왕의 역사를 다룬 책인 정치의 서(書)Shāh-nāmeh(샤나메로 읽는다.)에 그려진 한 그림에 있는 타일 벽을 복사한 것이다.

그림 11에서 어떤 기하 모양을 찾을 수 있는가? 별 모양을 찾아보자. 각 별 모양은 정육각형과 여섯 개의 삼각형으로 이루어져 있다. 다이아몬드 모양을 한 도형들, 즉 마름모들이 각 별을 둘러싸고 있다. 이 현명한 예술가가 하나의 마름모가 하나 이상의 별의 테두리의 부분이 되도록 했다는 점을 주목할 수 있다. 같은 패턴이 전체 표면을 덮기 위해서 그리고 테셀레이션을 형성하기 위해서 반복된다.

우리는 이 아름다운 테셀레이션을 복사할 수 있다. 이것을 하기 위해 먼저 정육각형, 삼각형, 마름모 형판을 만들어야 한다.

준비물

- 흰색 백지 또는 공장용 종이
- 두꺼운 종이 또는 스티로폼
- 연필
- 컴퍼스
- 자
- 가위
- 크레용 또는 싸인펜

이슬람 테셀레이션 그리기

1. 컴퍼스를 4cm 정도 반지름이 되도록 벌린다. 두꺼운 종이나 스티로폼 위에 원을 그린다.
2. 그리 원 위에 표시를 하나 한다. 같은 반지름으로, 컴퍼스 바늘을 방금 표시한 곳 위에 올려놓고 원주 위에 두 개의 표시를 만든다. 컴퍼스 바늘을 방금 만든 두 표시 각각에 올려놓고 원주 위에 두 개의 표시를 더 만든다. 그리고 나서, 같은 과정으로 원주 위에 또 다른 표시를 하나 더 만든다. 그림 12a

3. 이 원주 위에 있는 6개의 표시를 연결하는 선을 그려서 정육각형을 만든다. 정육각형은 모든 변의 길이가 같고 모든 각의 크기가 합동이다. 그림 12b
4. 정육각형을 잘라낸다. 이것을 두꺼운 종이 위에 본뜨고 이 두 번째 정육면체를 잘라낸다.
5. 이 두 번째 정육면체를 반으로 잘라서 두 개의 사다리꼴을 만든다. 그림 12c
6. 그림 12d에 있는 사다리꼴을 본다. A에서 B까지의 선분의 길이를 측정하고, AB와 길이가 같이 되도록 E점을 표시한다. 그리고 점 A와 점 E를 연결하는 선을 그린다. 그림 12d
7. 정삼각형 ABE를 잘라낸다. 남은 모양 AECD는 마름모이다.
8. 이 정육각형, 정삼각형, 마름모 형판을 이용해서 정치의 서에 있는 패턴(그림 11)을 복사하고 색칠을 한다. 이 모양들 중 일부에 장식을 할 수도 있다.

생각해보고 실행하기

1. 이들 4개의 형판 중 어느 것 하나 또는 모두를 이용해서 자신만의 고유한 반복 패턴을 창안해보기 바란다.
2. 페르시안 원고*Persian manuscripts*의 사진을 구해보자. 일부 이슬람 종파들은 사람과 동물을 그리는 것을 허용하지 않았음에도 불구하고, 이슬람 예술가들은 사람과 동물 그림을 그렸음을 주목하기 바란다.

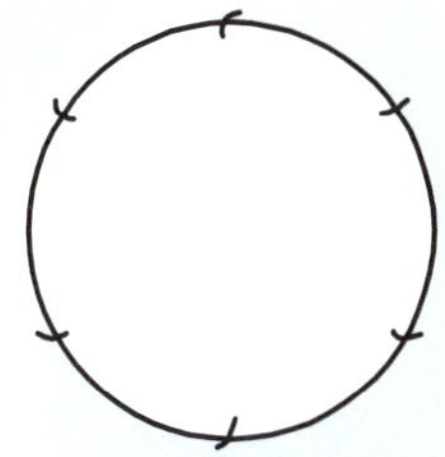
그림 12a

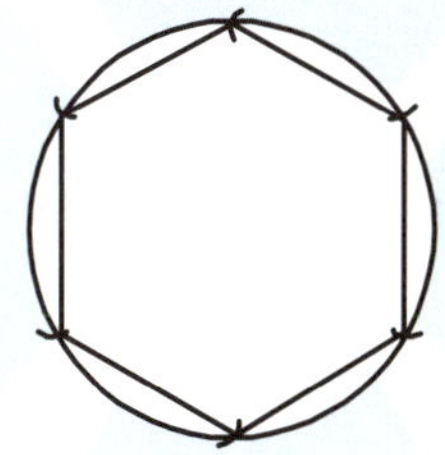
그림 12b

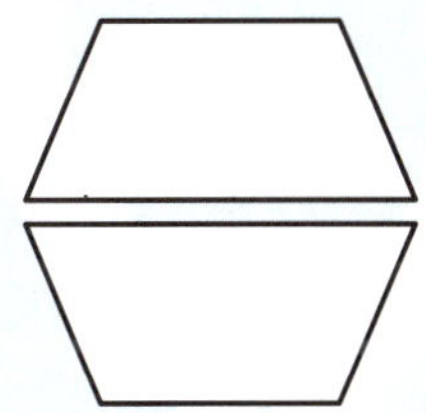
그림 12c

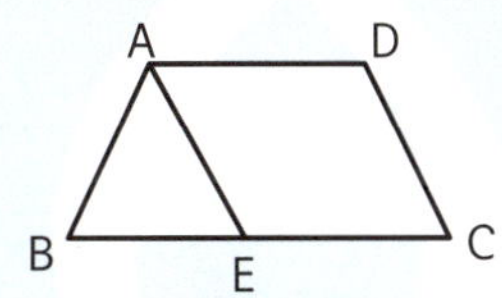

그림 12d

아메리카 인디언의 프랙탈 패턴

고사리
그림 13

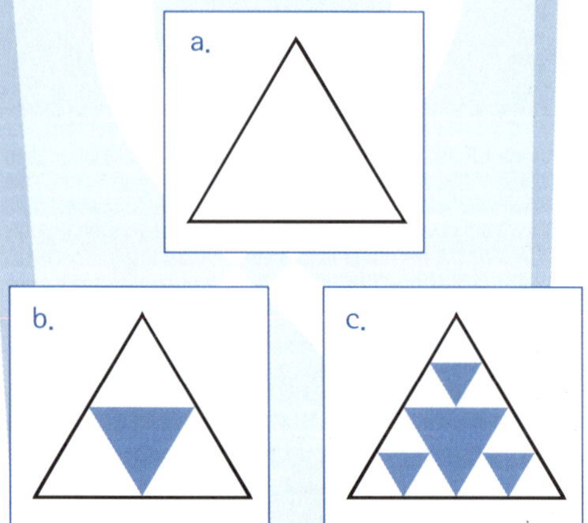

프랙탈 삼각형
그림 14

자연은 기묘하다. 고사리 사진을 살펴보자. 이 고사리의 각 작은 가지는 전체 고사리와 닮았다. 그림 13

그림 14a에 있는 큰 삼각형을 보자. 우리는 이것을 좀 더 작은 4개의 닮은 삼각형으로 나눌 수 있다. 가운데 삼각형은 어둡다. 그러고 나서, 이 3개의 하얀 삼각형에 대해서 같은 과정을 반복한다. 이 과정은 계속할 수 있다. 우리는 이런 유형의 반복을 "프랙탈 패턴"이라고 부른다. 원래 무늬가 그 자체를 점점 더 작은 크기로 반복한다. 그림 14a, 14b, 14c

그림 15는 아메리칸 인디언의 한 부족인 마이두족*Maidu*이 만든 바구니 그림이다. 그들 언어로 마이두란 말의 뜻 "국민"을 의미한다. 이들은 캘리포니아에 있는 새크라멘토 밸리에 살았었다. 그들의 주식은 도토리였는데, 이들은 가을에 도토리를 바구니에 모았다가 다가오는 겨울을 위하여 저장하였다. 이들은 도토리를 갈아서 시리얼, 수프, 빵을 만들어 먹었다.

마이두족에게 불행히도, 그들은 1833년에 사냥 축제를 하다가 말라리아에 걸려서 많은 사람들이 죽었다. 그리고 나서, 이들의 땅에서 금이 1848년에 발견되었다. 동부로부터 많은 사람들의 무리들이 부자가 되기 위해 캘리포니아로 몰려왔다. 마이두족 같은 아메리카 인디언들은 살해되거나 그들의 땅을 떠났다. 아메리카 인디언들은 금으로 혜택을 보지 못했다.

마이두족 바구니를 살펴보자. 삼각형 프랙탈 패턴이 보이는가? 대부분의 삼각형들이 세 변의 길이가 같은 정삼각형이다. 일부 삼각형은 정삼각형이 아니다. 이런 바구니들이 손으로 짠 것이라는 점을 기억하기 바란다. 아마도 이 바구니를 짠 사람은 이것들이 정삼각형이기를 의도했을 것이다. 그렇다고 생각하는가?

생각해보고 실행하기

1. 캘리포니아 골드러시가 시작하는 시기에 마이두족 마을에 살고 있다고 상상해보자. 우리가 할 수 있는 것이 무엇이라고 생각하는가? 캘리포니아 골드러시에 대한 책을 읽어보자. 대부분의 설명은 그 지역에 아메리카 인디언들이 살고 있었다는 사실을 언급조차 하지 않는다.
2. 프랙탈 패턴을 가진 식탁용 깔개 또는 다른 사물을 디자인한다. 가장 먼저 무늬 요소를 결정해야 한다.

마이두족 바구니
그림 15

출처: LeRoy H. Appleton, *American Indian Design and Decoration*

해 답

아마도 많은 문제에 대한 답은 쉽게 구할 수 있을 것이다. 제시된 활동들 중 많은 것은 스스로 검증할 수 있고, 결과가 잘못됐다면 그 이유를 찾아낼 수 있을 것이다. 문제를 푼 사람이 한 실수를 그 사람이 찾는 것은 그 사람에게 성취감을 주며 이 책의 말미에서 정답을 찾는 것 보다 훨씬 더 많은 도전이다.

활동을 점검할 수 있는 몇 가지 답이 있다.

제 1 장

게임판의 모양 (26쪽)

삼각형 16개, 오각형 28개, 육각형 34개.

제 3 장

마야 달력 (49쪽)

1. a. 3,738일
   b. 6,009일
   c. 5,383일
3. 18,132일 또는 49년 이상(12번의 윤년 포함, 첫 번째 해가 윤년이면 윤년이 13번 된다.). 그러므로, 18,132일은 49년 235일이다.

웜펌, 코코아 씨, 그리고 스페인의 옛 은화 (55쪽)

1. a. 36 꾸러미
   b. 316 꾸러미
5. 1쿼터는 25센트 즉 1달러의 1/4이다.
   따라서 12조각이다.

빈 캔 절약 (58쪽)

1. 260 캔
2. 한 대의 TV 세트가 하루에 5시간씩 켜져 있다면, 975시간 즉 196일
3. 약 30억 갈론

제 4 장

중국과 무슬림 세계의 마방진 (71쪽)

4\.

4a

8	1	6
3	5	7
4	9	2

4b

4	9	2
3	5	7
8	1	6

제 5 장

물 절약 (89쪽)

1. 40컵=2 1/2 갤런
2. 39컵
3. 하루에 78컵, 일주일에 546컵(34 1/8 갤런, 일 년에 28,470컵(1,779 갤런)

제 6 장

뫼비우스 띠 (96쪽)

이 띠를 중간으로 자를 때, 그 결과는 길이가 두 배지만 폭은 처음 것의 절반인 고리가 하나 생긴다. 폭의 1/3되는 부분을 자르면 연결된 두 개의 고리가 생긴다. 하나는 처음 것의 길이의 두 배가 되고 다른 하나의 길이는 처음 것의 길이와 같다. 둘 모두 폭은 처음 것의 1/3이 된다.

모래 그림 1 – 동물 그림 (100쪽)

1. 두 개의 대칭축, 두 개의 회전축
2. 대칭축이 없다. 두 개의 회전축

제 7 장

아메리카 인디언의 비즈공예 – 첫 번째 활동

3. 100개 비즈
5. 400개 비즈
6. 4

아메리카 인디언의 비즈공예 –두 번째 활동

3. 4 1/4 cm^2, 128개의 비즈

참고문헌

어른을 위한 책과 논문

* Appleton, LeRoy. *American Indian Design and Decoration.* New York: Dover, 1971.
* Arai, Lucy. "A Sashiko Hanten (Short Jacket) to Stitch." *Piecework* Vol. 11 (September/October 1994): pp. 30-37.
* Ascher, Marcia. "Learning with Games of Strategy from Mongolia." *Teaching Children Mctthemat- ics* Vol. 8 (October 2001): pp. 96-99.
* ______, *Mathematics Elsewhere.* Princeton, NJ: Princeton University Press, 2002.

Bazin, Maurice, Modesto Tamez & the Exploratorium Teacher Institute. *Mathematics and Science Across Cultures.* New York: The New Press, 2002.

* Béart, Charles. *Jeux et Jouets de l'Oest Africain.* Dakar, Senegal: IFAN,1955.
* Bell, Robbie & Michael Cornelius. *Board Games Around the World.* New York: Cambridge University Press, 1988.
* Centner, Th. *L'enfant Africain et ses Jeux.* Elisabethville, Congo: CEPSI, 1963.

Closs, M. *Native American Mathemat- ics.* Austin, TX: University of Texas Press, 1986.

* Gerdes, Paulus. "Exploring the Game of Julirde." *Teaching Children Mathematics* Vol. 7 (February 2001): pp. 321-327.
* ______, *Geometry from Africa.* Washington, DC: Mathematical Association of America. 1999.

Grunfeld, Frederic, ed. *Games of the World.* New York: Ballantine, 1975.

* Kraitchik, Maurice. *Mathematical Recreations.* New York: Dover, 1953.
* Lumpkin, Beatrice & Dorothy Strong. *Multicultural Math and Science Connections.* Portland, ME: J. Weston Walch, 1995.
* McConville, Robert. *A History of Board Games.* Palo Alto, CA: Creative Publications, 1974.

*는 이 책을 집필하는데 이용된 참고문헌을 나타낸다.

National Council of Teachers of Mathematics. *Principles and Standards for School Mathematics*. Reston, VA: NCTM, 2000. (Also see the NCTM series of edited Volumes on gender and various cultures: *Changing the Faces of Mathema- tics*.)

Nelson, David, George G. Joseph & Julian Williams. *Multicultural Mathematics: Teaching Mathematics from a Global Perspective*. Oxford and New York: Oxford University Press, 1993.

* Russ, Larry. *Complete Mancala. Games Book*. New York: Marlowe, 2000.

Smith, Jacquelin. "Links to Literature: Threading Mathematics into Social Studies." *Teaching Children Mathematics* Vol. 1 (March 1995): pp. 438-444.

* Whitin, David J. & Sandra Wilde. *Read Any Good Math. Lately?* Portsmouth, NH: Heinemann, 1992.

______. *It's the Story That Counts*. Portsmouth, NH: Heinemann, 1995.

* Williams, Geoffrey. *African Designs from Traditional Sources*. New York: Dover, 1971.

* Zaslavsky, Claudia. *Africa Counts: Number and Pattern in African Cultures*. Chicago: Chicago Review Press, 1973, 1999.

* ________. *The Multicultural Math Classroom: Bringing in the World*. Portsmouth, NH: Heinemann, 1996.

* ________. *Multicultural Mathematics: Interdisciplinary, Cooperative- Learning Activities*. Portland, ME: J. Weston Walch, 1993.

* ________. *Multicultural Math: Hands On Activities from Around the World*. New York: Scholastic Professional, 1994.

* ________. "Symmetry in American Folk Art." *Arithmetic Teacher* Vol. 38 (September 1990): pp. 6-12.

* ________. *Tic Tac Toe and Other Three-in-a-Row Games*. New York: Crowell, 1982.

* Zhang, Wei. *Exploring Math through Puzzles*. Berkeley: Key Curriculum Press, 1996.

*는 이 책을 집필하는데 이용된 참고문헌을 나타낸다.

어린이를 위한 책

ABC Quilts. *Kids Making Quilts for Kids*. Gualala, CA: The Quilt Digest Press, 1992.

Bateson-Hill, Margaret. *Shota and the Star Quilt*. New York: Zero to Ten, Ltd., 1998.

Blood, Charles & Martin Link. *The Goat in the Rug*. New York: Macmillan. 1990.

Bolton, Janet. *My Grandmother's Patchwork Quilts*. New York: Bantam Doubleday Dell, 1994.

Bruchac, Joseph & Jonathan London. *Thirteen Moons on Turtle's Back*. New York: Philomel, 1992.

Caduto, Michael & Joseph Bruchac *Keepers of the Earth*. New York: Fulcrum, 1988.

Carlson, Laurie. *More Than Moccosins: A Kid's Activity Guide to Traditional North American Indian Life*. Chicago: Chicago Review Press, 1994.

Cobb, Mary. *The Quilt-Block History of Pioneer Days, with Projects Kids Can Make*. Brookfield, CT: The Millbrook Press, 1995.

Earthworks Group. *Fifty Simple Things Kids Can Do To Save the Earth*. Kansas City, MO: Andrews & McMeel, 1990.

Flournoy, Valerie. *The Patchwork Quilt*. New York: Dutton, 1985.

Friedman, Aileen. *A Cloak for the Dreamer*. New York: Scholastic, 1994.

Gerdes, Paulus. *Desenhos da Africa*. São Paulo, Brazil, SP: Editora Sci- pione, 1990.

Hopkinson, Deborah. *Sweet Clara and the Freedom Quilt*. New York: Knopf, 1993.

Hunt, W. Ben. *Indian Crafts and Lore*. New York: Western Publish- ing Company, 1954.

Kohl, Herbert. *Insides, Outsides, Loops, and Lines*. New York: Freeman, 1995.

Mendez, Philip. *The Black Snowman*. New York: Scholastic Hardcover, 1989.

Mobley, Chuck & Andrea Mobley. *Navajo Rugs and Blankets: A Coloring Book*. Tucson, AZ: Treasure Chest Publications, 1994.

Paul, Ann Whitford. *Eight Hands Round: A Patchwork Alphabet*. New York: Harper Collins, 1991.

____. *The Seasons Sewn: A Year in Patchwork*. New York: Harcourt Brace, 1996.

Ringgold, Faith. *Tar Beach*. New York: Scholastic, 1991.

Wright, Courtni C. *Jumping the Broom*. New York: Holiday House, 1994. (A star-pattern quilt story.)

Zaslavsky, Claudia. *Math Games and Activities from Around the world*. Chicago: Chicago Review Press, 1998.

_________. *Number Sense and Nonsense*. Chicago: Chicago Review Press, 2001.

_________. *Tic Tac Toe and Other Three-in-a-Row Games*. New York: Crowell, 1982.

본서의 활동들이 미국수학교사협의회가 제공하는

교육과정의 학년별 수학내용에 적합한 배치도

내용 기준	과정 기준	주제 중심
N = 수와 연산	P = 문제해결	L = 국어
A = 대수	R = 추론과 증명	S = 사회
G = 기하	C = 의사소통	F = 순수미술
M = 측정	CN = 연계성	SC = 과학
D = 자료분석과 확률	RP = 표상	

1. 삼목 게임	N	A	G	M	D	P	R	C	CN	RP	L	S	F	SC
• 영국의 나인 홀(p.4)			•	•		•	•	•	•		•	•	•	
• 틱택토(p.8)			•			•	•	•			•	•		
• 고대 중국의 마방진(p.11)	•		•	•		•	•	•	•			•		
• 수 틱택토(p.13)	•		•			•	•	•						
• 가나의 아치(p.14)			•	•		•	•	•	•			•	•	
• 이탈리아, 프랑스, 영국에서 유래한 6인 모리스(p.16)			•	•		•	•	•	•			•	•	
• 스페인의 알케르케(p.18)			•	•		•	•	•	•		•	•	•	
• 몽골의 지리그(p.21)			•	•		•	•	•	•			•		
• 레소토와 남아프리카의 무라바라바(p.23)			•	•		•	•	•	•			•		
• 삼목 게임판의 모양(p.26)	•		•	•		•	•		•			•		

2. 더 많은 보드게임들	N	A	G	M	D	P	R	C	CN	RP	L	S	F	SC
• 태국의 표범과 호랑이(p.29)			•			•	•	•	•			•		
• 인도의 양과 호랑이(p.31)			•			•	•	•	•			•		
• 인도네시아의 추가 루마(p.33)			•	•		•	•		•			•	•	
• 수단의 작은 염소 게임(p.35)			•	•		•	•	•	•			•		
• 수단의 소 게임(p.37)			•	•		•	•	•	•			•	•	
• 가나의 아디(p.39)						•	•	•	•			•	•	

3. 사람들이 수를 이용하는 방법	N	A	G	M	D	P	R	C	CN	RP	L	S	F	SC
• 러시아 주판(p.43)	•	•		•		•	•	•	•			•		
• 중국의 주판(p.45)	•	•		•		•	•		•			•		
• 북아메리카 이로쿼이족의 달력(p.47)	•	•				•	•		•		•	•	•	•
• 멕시코와 중앙아메리카의 마야인의 달력(p.49)	•	•				•	•		•			•		•
• 중국의 12간지(p.51)	•		•	•	•		•	•	•		•	•	•	•
• 미국 식민지의 웜펌, 코코아 씨, 그리고 스페인 옛 은화(p.53)	•						•		•		•	•		
• 아프리카의 구슬, 조개껍질, 그리고 금(p.56)	•						•	•	•			•		
• 미국의 빈 캔 절약!(p.58)	•	•			•	•	•	•	•	•	•	•		•
• 전 세계의 어린이들의 생명 구하기(p.60)	•						•	•	•			•		•

4. 행운의 수는?	N	A	G	M	D	P	R	C	CN	RP	L	S	F	SC
• 13은 미국에서 행운의 수인가, 불운의 수인가?(p.63)					•		•	•	•		•	•		
• 고대의 7은 행운의 수인가? 불운의 수인가?(p.65)	•				•		•		•		•	•		•
• 유럽의 문자와 숫자(p.68)	•				•		•	•	•			•		
• 중국과 무슬림 세계의 마방진(p.70)	•	•	•			•	•		•			•		
• 마방진 즐기기(p.72)	•	•	•			•	•		•			•		
• 유럽의 4×4 마방진(p.74)	•	•	•			•	•		•				•	
• Panmagic 마방진(p.76)	•	•	•			•	•		•		•			

5. 사람들이 측정하는 방법	N	A	G	M	D	P	R	C	CN	RP	L	S	F	SC
• 고대 로마의 표준 단위(p.79)	•			•	•	•	•	•	•		•	•		•
• 고대 이집트의 표준 단위(p.81)	•	•		•		•		•	•		•	•		•
• 미국의 통나무집(p.82)	•	•	•	•		•			•	•		•		
• 캐나다와 뉴욕의 이로쿼이족의 긴 집(p.84)	•	•	•	•		•	•		•	•	•	•		
• 남아메리카의 팬파이프(p.86)	•			•		•			•			•	•	•
• 세계인을 위한 물절약(p.88)	•			•	•	•	•	•	•		•			•

6. 점, 줄, 종이띠로 해결하는 퍼즐	N	A	G	M	D	P	R	C	CN	RP	L	S	F	SC
• 서아프리카의 줄릴데(p.91)			•			•	•	•	•			•		
• 중국과 서아프리카의 구슬과 줄로 하는 퍼즐(p.94)			•	•		•	•	•	•			•		
• 독일의 뫼비우스 띠(p.96)	•		•	•		•	•		•			•	•	
• 아프리카 앙골라의 모래(p.98)			•			•	•		•			•		
• 앙골라의 모래(p.102)			•			•	•		•		•	•	•	
• 인도의 모래(p.104)			•			•	•		•			•	•	

7. 무늬의 대칭과 닮음	N	A	G	M	D	P	R	C	CN	RP	L	S	F	SC
• [첫 번째 활동] 아메리카 인디언 비즈공예(p.108)	●		●	●		●	●		●			●	●	
• [두 번째 활동] 인디언 비즈공예(p.110)	●	●	●	●		●	●		●			●	●	
• 아메리칸 인디언이 염색한 무늬들(p.112)	●		●	●		●	●		●			●	●	
• 가나의 아쿠아바 인형(p.114)	●		●	●		●	●		●		●	●	●	
• 고대 로마의 알파벳(p.116)			●			●	●		●		●	●		
• 여러 나라의 국기 중 별이 있는 국기들(p.118)			●	●		●	●		●			●	●	
• 5점별 증식시키기(p.120)			●	●		●	●		●			●	●	
• 한 붓 그리기로 별 그리기(p.122)			●	●		●	●		●				●	
• 아메리카 인디언 나바호족의 직조(p.124)			●	●		●	●		●		●	●	●	
• 별 패턴의 조각누비patchwork 퀼트(p.127)			●	●		●	●	●	●		●	●	●	
• 더 많은 조각누비 퀼트 무늬들(p.130)			●	●		●	●		●			●	●	

8. 반복 패턴	N	A	G	M	D	P	R	C	CN	RP	L	S	F	SC
• 헝가리의 자수(p.133)			●	●		●			●			●	●	
• 테셀레이션: 무늬 반복하기(p.135)			●	●		●					●		●	
• 나이지리아의 아디라 천(p.138)			●	●		●			●			●	●	
• [첫 번째 활동] 일본의 사시코 자수(p.140)			●	●		●			●			●	●	
• [두 번째 활동] 일본의 사시코 자수(p.142)			●	●		●			●			●	●	
• 스페인의 이슬람 예술(p.143)			●	●		●			●			●	●	
• 이란(과거 페르시아)의 이슬람 예술(p.146)			●	●		●			●			●	●	
• 아메리카 인디언의 프랙탈 패턴(p.148)			●	●		●			●			●	●	
• 중국의 마방진 판(p.156)			●	●		●			●			●	●	

세계 문화가 어우러져 전 세계 어린이들에게 사랑받는 책

더 재미있는 게임, 수학 IQ 높이기

More Math Games & Activities from around the World

2011년 9월 5일 초판 인쇄
2011년 9월 10일 초판 발행

지은이 / Claudia Zaslavsky
옮긴이 / 김진호 · 홍은숙
펴낸이 / 오판근
펴낸곳 / 교우사

주 소 / 서울 동대문구 제기2동 148-19
전 화 / 925-2861(代), 편집부 / 925-2825
팩 스 / 925-2860

E-mail / kyowoo@kyowoo.co.kr
http://www.kyowoo.co.kr

등록 / 1994. 3. 24 제6-0256호

ISBN 978-89-8172-883-0 (03410)

값 15,000 원